Klaus Bernath

Christliche und jüdische Religiosität

Klaus Bernath, geboren am 18. 07. 1935 in Berlin,
weit gespannte Interessen, in der Philosophie:
Thomas von Aquin bis Martin Heidegger;
in der Literatur: Ernst Jünger und Arno Schmidt;
in der Psychologie: C. G. Jung und seine Schule,
besonders Erich Neumann und M. -L. v. Franz.
Früher ausgedehnte Reisen:
vom Polarkreis bis südlich des Atlas, Spanien, Nordafrika, Orient.
Längerer Aufenthalt in Südamerika, dort auch Lehrtätigkeit.
Jetzt zur Ruhe gekommen auf einem Dorf in Schleswig-Holstein.
Kein Fernsehen, kein Internet.
Entdeckungsreisen nur noch in der Welt der Bücher:
„Liber librum aperit." – Ein Buch öffnet ein anderes Buch.

Klaus Bernath

Christliche und jüdische Religiosität

opus magnum

Bibliografische Information der Deutschen Nationalbibliothek
Die Deutsche Nationalbibliothek verzeichnet diese Publikation in der
Deutschen Nationalbibliografie; detaillierte bibliografische Daten sind
im Internet über http: //dnb. d-nb. de abrufbar

© 2018 by opus magnum, Stuttgart (www. opus-magnum.de)
Erstauflage, Version 1. 01
Umschlaggestaltung, Grafik und Layout: Dr. Lutz Müller
Umschlaggrafik nach einer Collage von Margareta Bernath
Herstellung: BOD – Books on Demand GmbH., Norderstedt
Alle Rechte vorbehalten
ISBN 13: 978-3-95612-013-8

Inhalt

Antwort auf Hiob – Fragen an C. G. Jung

> No hay libro mas poético
> que el libro de Job.
>
> Maximiliano Garcia
> Cordero OP, Salamanca

Jede eingehende Erörterung des Werkes von C. G. Jung, Antwort auf Hiob (Zürich 1952 bzw. Bd. 11 der Werkausgabe 1963) muss beides in gleicher Weise berücksichtigen: das Werk von Jung und seinen Anlass, das Buch Hiob der hebräischen Bibel.

Gestatten Sie darum zunächst eine ausführliche Beschreibung des jüdischen Ursprungstextes, deren Umständlichkeit sogleich ihren Sinn erweisen wird. Die Christen sprechen meist vom Alten Testament, wenn sie das Ganze der jüdischen Bibel meinen. Diese Bezeichnung ist nicht ohne Polemik und Abwertung, ist sie doch im bewussten Gegensatz zum Neuen Testament der Christen entstanden (vermutlich im Umkreis von Marcion). Gegen diesen etwas leichtfertigen und gedankenlosen Sprachgebrauch hat sich Martin Buber verwahrt: Gott schreibt keine Testamente, weder alte noch neue. – Daran sollten wir immer denken, wenn wir dem nun einmal so eingeführten Brauch folgen und abkürzend doch immer wieder vom Alten Testament reden.

Wie aber bezeichnen die Juden diese Textsammlung, wenn sie sie als Gesamtheit nennen wollen? Die übliche Bezeichnung ist der Tenach. Das ist ein Kunstwort, das aus den Anfangsbuchstaben der Wörter Tora, Nebiim und Ketubim gebildet ist, also dem Gesetz, das aus den fünf Büchern Moses besteht, den Propheten und allen übrigen Büchern, die unter dem Namen „Schriften" überliefert sind. Das ist zunächst eine Einteilung des Bibliothekars, der eine Ordnung in seine Bestände bringen möchte. Es ist aber zugleich viel mehr, nämlich eine Einleitung in die heiligen Schriften und ihre je verschiedene Autorität, die ihnen zukommt. Das ist natürlich noch kein historisch-kritisches Methodenbewusstsein, gibt aber dem gläubigen Leser wichtige Hinweise. Es ist doch höchst bedeutend, ob ein Satz aus der Tora stammt, aus dem Werk eines Propheten, der sich auf einen göttlichen Auftrag berufen kann, oder aus der Feder eines frommen Schriftstellers, dessen Autorität nur so viel Gewicht hat wie seine Argumente.

Um einen Text aus dieser dritten Gruppe, der „Schriften", handelt es sich beim Buch Hiob, also um das Werk eines frommen Autors ohne speziellen göttlichen Auftrag, das nur durch die Glaubwürdigkeit und Ernsthaftigkeit des Autors legitimiert ist. – Immerhin bedeutet allein schon die Aufnahme in den Kreis der heiligen Schriften eine gewisse Anerkennung, die sich aber niemals mit der Autorität eines göttlichen Gebotes aus den fünf Mosesbüchern messen kann. – Das alles ist sehr sorgfältig zu beachten, wenn man nicht in naivem Fundamentalismus alle Sätze anführen will, die nun einmal in der Bibel stehen. So ersetzt diese schlichte Einteilung der Werkgruppen im Tenach für den kundigen Leser eine umfangreiche Einleitung in das Alte Testament.

Eine solche habe ich natürlich auch benutzt, und zwar die anerkannte Einleitung in das Alte Testament von Ernst Sellin und Georg Fohrer, die ich in der elften erweiterten Auflage, Heidelberg 1969, eingesehen habe. Sie widmet dem Buch Hiob immerhin ein Kapitel von 13 Seiten (S. 352-365). Sie ist aber sehr unbefriedigend, weil sie viele wichtige Fragen unbeantwortet lässt. So kann sie nichts über den Verfasser aussagen, ebenso wenig wie über den Ort und die Zeit der Entstehung des Buches. Da helfen auch nicht die stereotypen Lobsprüche, die man so oder so ähnlich immer wieder lesen kann: „Das Buch Hiob gehört zu den erregendsten und ergreifendsten Büchern der Bibel und ist zugleich ein dichterisches Kunstwerk von hohem Rang." (353)

Es heißt dann weiter: „Der Stil seines Buches erweist den Verfasser als einen selten erreichten Meister von barocker Gestaltungskraft und hoher Bildung, wie sowohl die zahlreichen und vielfältigen Bilder, die in ein und derselben Rede die mannigfachsten Stimmungen ausdrücken, als auch selten oder sonst gar nicht mehr gebrauchte Ausdrücke zeigen." (354)

Das hatte auch zur Folge, dass die gelehrten Übersetzer der Schrift ins Griechische ihrerseits nicht mehr alles verstanden haben, und manches nur verkürzt und umschreibend wiedergeben konnten. (Da bin ich vielleicht entschuldigt, wenn ich mich gar nicht erst um den hebräischen Text bemüht habe, sondern die Übersetzung von Vinzenz Hamp, Aschaffenburg 1955, und den im Rahmen der Sammlung „Das Alte Testament Deutsch" erschienenen Kommentar von Artur Weiser, ATD 13, 8. Aufl. Göttingen und Zürich 1988, eingesehen habe.)

Allein, wenn man sich in die Gliederung des Buches Hiob vertieft, wie sie bei Sellin-Fohrer gegeben wird, kann man entnehmen, dass es sich um ein äußerst sorgfältig komponiertes Werk handelt. Ich gebe darum diese Disposition wieder:

I: 1-2 Einführung durch den Prolog.
II: 3-27-12 Erster Teil: die unmittelbare Auseinandersetzung zwischen Hiob und den Freunden und die unmittelbare Auseinandersetzung mit Gott: 3-11 erster Redegang, 11-20 zweiter Redegang, 21-23; 25; 26,1-4; 27,1-6. 11-12, dritter Redegang (unvollständig).
III: 29-31; 38-42,6 Zweiter Teil: die unmittelbare Auseinandersetzung zwischen Hiob und Gott: 29-31 Hiobs Herausforderungsreden, 28-39; 40,2,8-14 Gottesrede, 40,3-5; 42,2-3. 3,5. 6 Hiobs Antwort.
IV: 42,7-17 Schluß durch den Epilog (a. a. O., S. 360).

Angaben über mögliche Quellen sind eher negativ: eine Anknüpfung an ägyptische Weisheitsliteratur wie an babylonische Texte ist nicht erweislich, und biblische Vorbilder gibt es nicht. Erstaunlicher ist da schon, dass das Werk auch so gut wie keine Nachwirkung in biblischer Zeit erfahren hat: außer einer knappen Anspielung bei Ezechiel (Ez 14, 12-23) lassen sich kaum Spuren einer Rezeption aufzeigen. Ist es daher übertrieben, wenn ich das Buch als eher gemieden bezeichnen möchte? Das setzt sich dann in neutestamentlichen Texten fort, auch hier eher ängstliches Vermeiden.

Innerhalb der Literatur der Kirchenväter ragt der umfangreiche Kommentar Gregors des Großen hervor (geb. um 540 in Rom, gest. ebd. 604, Papst seit 590). Sein Werk hat den Titel „Expositio in librum Iob", und es wird meist zitiert als „Moralia in Iob." Es findet sich in der „Patrologia Latina" im Band 75, und es existiert davon eine zweisprachige Ausgabe mit französischer Übersetzung von De Gaudemaris, in der Sammlung „Sources Chrétiennes", Bd. 32, 1952.

Gregor gibt eine dreifache Auslegung in historischer, allegorischer und moralischer Hinsicht. Davon ist die historische naturgemäß unzureichend und der mystisch-allegorische Sinn wird als ermüdend geschildert. Immerhin wurde das Werk seit dem 7. Jahrhundert eifriger gelesen als andere Schriften der Väter, und es wird im Mittelalter häufig zitiert.

Es hat den Anschein, dass – abgesehen von einem früheren Versuch bei Origenes – dieses Werk des Papstes Gregor die einzige ausführliche Auslegung bis zur großen Meditation von C. G. Jung aus dem Jahre 1952 geblieben ist, der ich mich jetzt zuwenden möchte.

Jung nennt sein Vorgehen ausdrücklich subjektiv, und ebenso subjektiv wird meine Auswahl von Textstellen ausfallen, die mir in besonderer Weise bemerkenswert erschienen. In ihrem Buch „Der Mythos vom Sinn im Werk von C. G. Jung" (3. Aufl. Zürich 1983) geht die Verfasserin, Aniela Jaffé, ausführlich auf die dem Werk „Antwort auf Hiob" zugrundeliegende Haltung ein, so dass sich das diesem Buch gewidmete Kapitel in besonderer Weise als Einführung in die Problematik eignet. Auch hier geht es um die „subjektive Aussage", die Jung häufig zum Vorwurf gemacht wurde. Aniela Jaffé schreibt: „Der häufigste Vorwurf, Jung bediene sich in ‚Antwort auf Hiob' einer sarkastischen und emotionalen Sprache, kann nicht zurückgewiesen werden. Über weite Strecken ist das Buch affektgeladen, ironisch und aggressiv."

In den einleitenden Seiten erklärte er (Jung) seinen Stil als eine „subjektive Reaktion", als Erschütterung angesichts der „durch nichts verschleierten Wildheit und Ruchlosigkeit" der Gottheit, wofür das

„Hiobbuch nur ein Paradigma darstelle." (121) Die Wurzeln dieser Reaktion gehen bis auf Jungs Kindheit zurück, was aber jedem Leser seiner „Gedanken und Erinnerungen" hinlänglich bekannt sein dürfte, so dass diese Fragen hier nicht vertieft werden müssen.

Es gibt noch einen weiteren Gesichtspunkt: „Antwort auf Hiob" muss aber noch in einem anderen Sinne als „subjektive Reaktion" verstanden werden. Alle Werke Jungs sind bis zu einem gewissen Grad autobiographisch. „Meine Werke können als Stationen meines Lebens angesehen werden, sie sind Ausdruck meiner inneren Entwicklung, denn die Beschäftigung mit den Inhalten des Unbewußten formt den Menschen und bewirkt seine Wandlung" (Gedanken, S. 225).

Darum fährt A. Jaffé fort: „Sein vielgerügter Sarkasmus muß aus dieser seelischen Situation heraus verstanden werden, als Ausdruck der Abwehr gegen den andrängenden Archetypus, religiös gesprochen, gegen den ‚Gott' der ihn ergriffen hat" (122).

Es gilt aber, noch einen wichtigen Gedanken zu berücksichtigen, den Jung so formuliert: „Wir haben Dinge erlebt, so unerhört und so erschütternd, daß die Frage, ob sich solches mit der Idee eines gütigen Gottes noch irgendwie vereinen lasse, brennend wurde. Es handelt sich dabei nicht mehr um ein theologisch-fachwissenschaftliches Problem, sondern um einen allgemeinmenschlichen religiösen Alptraum, zu dessen Behandlung auch ein theologischer Laie, der ich bin, ein Wort beitragen kann oder vielleicht auch muß" (Antw. GW XI, S. 486).

Damit ist ein großes Problem angesprochen, das in aller Vorsicht aber auch anders aufgefasst werden muss. Ohne Jung widersprechen zu wollen, ist doch wohl festzuhalten, dass jede Äußerung über Gott und das göttliche Wirken, egal ob in einem fachlichen oder anderen Zusammenhang gesagt, eben doch als theologisch charakterisiert werden muss. Dabei spielt es auch keine Rolle, ob ein beamteter Theologe oder Seelsorger der Kirche sich so äußert oder eben ein Laie (der Jung nun einmal nicht war!)

Sagen wir es deutlich: eine Äußerung über Gott ist von ihrem Inhalt her theologisch, ob sie nun vom Pastor kommt oder vom Küster oder von jedem beliebigen Gläubigen und auch Ungläubigen. Auch negierende Aussagen können demnach als theologisch eingestuft werden. Hier helfen die abwehrenden Sätze Jungs nicht weiter, die darum – juristisch gesprochen – nur als Schutzbehauptungen verstanden werden können. Das mindert aber den Wert seines tiefen Werkes in keiner Weise.

Dagegen ist Jung bei einem anderen Vorwurf recht zu geben: Ihn braucht die wissenschaftliche und speziell die textkritische Literatur über die Bibel nicht zu beschäftigen, wenn er, wie er sagt, als „Laienleser" die Schrift in die Hand nimmt. Er sagt daher zu Recht: „Für den Laienleser hat der im biblischen Hiobbuch geschilderte Gott eine dunkle und erschreckende Seite. Er zweifelt an seinem frommen Knecht Hiob und schließt mit Satan eine Wette ab, um ihn darauf auf die Probe zu stellen. Er schickt ihm Leiden und Heimsuchungen und vernichtet seine Existenz. In Übermacht und furchterregendem Zorn spricht er zu dem von Unglück Geschlagenen. Der Gott des Hiobbuches ist ungerecht und grausam. Er ist ein Tremendum." (Aniela Jaffé, Der Mythus vom Sinn und Werk von C. G. Jung. 3. Aufl. Zürich 1983, S. 116).

Die Autorin fährt fort: „Insofern es sich im Hiobbuch um das Bild eines persönlichen Gottes handelt, spricht Jung im anthropomorphen Sinn von seiner amoralischen Seite. Das ist eine harte Sprache. Doch trifft der gegen ihn und sein Buch ‚Antwort auf Hiob' erhobene Vorwurf der Blasphemie weder Inhalt noch Intention" (ebd.).

Es könnte sich als aufschlussreich erweisen, die Aussagen von C. G. Jung zum Gottesbild mit der gängigen theologischen Lehre zu vergleichen. Dabei soll nicht seine Interpretation gegen die gewohnte Lehre ausgespielt werden, um dann festzustellen, wer in diesen Fragen recht hat, sondern es soll lediglich durch den Kontrast die implizierte Theologie in der Schrift von C. G. Jung durch den Vergleich mit der rechtgläubigen Lehre verdeutlicht werden. Den vielleicht schärfsten Gegensatz zu C. G. Jung bildet möglicherweise die katholische Theologie, und zwar in ihrer aristotelisch-thomistischen Ausprägung. Ich konfrontiere deshalb die Aussagen im Buch „Antwort auf Hiob" mit den Lehraussagen eines neueren katholischen Dogmatikers. Ich zitiere also zu den Formulierungen von C. G. Jung die entsprechenden im ersten Band der „Lehre von Gott" von Johannes Brinktrine, Paderborn 1953.

Zunächst sollen aber einige Formulierungen aus dem Hiob-Buch von C. G. Jung aufgelistet werden, um genügend Material für den Vergleich bereitzustellen. Dabei werden diese Formulierungen nach der Erstausgabe, Zürich 1952, sowie dem Abdruck im 11. Band der gesammelten Werke „Zur Psychologie westlicher und östlicher Religionen", Zürich und Stuttgart 1962, nachgewiesen. Ich gebe also eine Liste dieser auffälligen und befremdlichen Aussagen:

(1)   Es gibt bei Gott kein „reflektiertes Bewußtsein": 13; 11,393.
(2)   Der Autor stellt „göttliche Willkür und Rücksichtslosigkeit" fest: 14; 11,393.
(3)   Er sagt, dass „göttliche Willkür das Recht beugt": 18; 11,396.
(4)   Bei Jahwe gibt es „eine totale innere Gegensätzlichkeit": 18; 11,396.
(5)   „Hiob ist Jahwe moralisch überlegen": 21; 11,399.
(6)   „Jahwe ist zu unbewußt um moralisch zu sein": 22; 11,399.
(7)   Der Autor findet bei Jahwe eine „zweideutige Handlungsweise": 27; 11,402.
(8)   Jung stellt bei Jahwe „Rücksichtslosigkeit und Grausamkeit" fest: 29; 11,404.
(9)   Er spricht von einer „göttlichen Gegensatznatur": 31; 11,405.
(10)   Es gibt eine „innergöttliche Auseinandersetzung": 32; 11,406.
(11)   „Jahwe projiziert seine Schattenseite": 37; 11,410.
(12)   Jahwe „ist nicht nur kein Mensch, sondern in gewissem Sinne weniger als ein Mensch": 38; 11,411.
(13)   Jung stellt „göttliche Unbewußtheit" fest: 39; 11,411.
(14)   Er nennt Jahwe „unvernünftig": 41; 11,413.
(15)   Jung benennt Jahwes „Doppelnatur": 42; 11,414.

(16) Jahwe projiziert „seine eigene Tendenz zur Untreue auf einen Sündenbock": 48; 11,419.

(17) Der Autor spricht von einer „Gotteswandlung": 49; 11,420

(18) Jung nennt den Grund für die Menschwerdung: 58; 11,426.

(19) Jahwes „inferiore Bewußtheit": 69; 11,433.

(20) Hiob stand „moralisch höher als Jahwe", „er ist somit moralisch überlegen": 70; 11,438.

(21) Jung bezeichnet den Aufschrei Jesu am Kreuz als einziges Beispiel göttlicher und menschlicher Bewusstheit und nennt ihn die „Antwort auf Hiob": 76; 11,438.

(22) Der Autor stellt „göttliche Unbewußtheit" fest: 89; 11,446.

(23) Er spricht von der „göttlichen Gegensätzlichkeit": 91; 11,447.

(24) „Der Glaube an Gott als das Summum Bonum ist einem reflektierenden Bewußtsein unmöglich": 94; 11,449.

(25) Jahwes Gerechtigkeit ist eine Eigenschaft, deren er ermangelt: 102; 11,456.

(26) Die „innere Instabilität Jahwes als Voraussetzung": 106; 11,459.

(27) Christus als „Heros und Halbgott im antiken Sinne": 110; 11,461f

(28) Jung spricht von der „willkürlichen und schwankenden Dogmatik des Protestantismus": 164; 11,501.

Diese lange Liste auffälliger Formulierungen hinterlässt einen zwiespältigen Eindruck: 28 derartiger Stellen auf knapp 170 Seiten dieses Werkes sind denn doch reichlich viel. Hier stellt sich die Frage nach dem (christlichen?) Glauben des Autors.

Vielleicht erweist es sich als hilfreich, wenn hier an eine traditionelle Unterscheidung innerhalb des Glaubensbegriffes erinnert wird: „zunächst bedeutet pistis den Akt (fides qua), in dem die Bekehrung vollzogen und das Heil ergriffen wird (...), mit dem gleichen Wort wird auch der Gegenstand des Glaubens (fides quae) bezeichnet (...), seine lehrmäßige Formulierung (...) die Einheit des Inhaltes (...) seine Normativität (...)". M. Seckler, Art. Glaube in: „Handbuch theologischer Grundbegriffe, durchgesehene und ergänzte Ausgabe", München (dtv) 1970, Bd. 2, S. 159-181; 161.

Hier nun einige dogmatische Formulierungen der katholischen Theologie aus dem Lehrbuch von Brinktrine. Das Buch ist aus kurzen Kapiteln aufgebaut, die jeweils ihr Zentrum in einem Satz haben. Hinzu kommen dann spekulative und biblische Begründungen, sowie Angaben über die jeweiligen Gegner dieser Lehren. Ich zitiere aber nur die Lehrsätze als Kontrast zu C. G. Jung, d. h. : „Gott ist absolut einfach" (S. 122). „Gott ist absolut vollkommen" (S. 135). „Gott ist ewig, d. h. er ist über jedes zeitliche Nacheinander erhaben" (S. 149) „Gottes Erkennen ist unveränderlich und ewig" (S. 156). „Gott erkennt sich in vollkommener Weise, d. h. er begreift sich selbst" (S. 161). „Gott erkennt die zukünftigen freien Geschehnisse mit unfehlbarer Gewißheit von Ewigkeit her" (S. 168). „Gott erkennt die bedingt zukünftigen freien Handlungen der Geschöpfe von Ewigkeit her" (S. 177). „Gott will das Außergöttliche mit absoluter Freiheit" (S. 187). „Gott ist unendlich heilig" (S. 189). „Gott ist unendlich gerecht" (S. 192). „Gott ist unendlich gütig" (S. 195). „Gott ist absolut wahrhaftig" (S. 200). „Gott ist absolut treu" (S. 201). „Gott ist allmächtig" (S. 241).

Wer diese Glaubensweisheiten leugnet, macht sich der Häresie schuldig. (Vgl. O. Karrer, Art. Häresie, in: „Handbuch theologischer Grundbegriffe", a. a. O., S. 251-259)

Häresie ist also „die bewußte und frei gewollte Leugnung von Glaubenswahrheiten der Kirche durch Getaufte" (S. 251). Damit ist also die Beurteilung des Sachverhalts innerhalb der katholischen Theologie gegeben.

Wie stellt sich aber die Frage der Glaubensabweichung im Falle des Protestanten C. G. Jung? Auch hierzu soll das Zeugnis eines repräsentativen Theologen seiner Zeit angeführt werden. Ich nenne hier Adolf Harnack (1851-1930); Harnack ist in dreifacher Hinsicht bemerkenswert: er war ein überaus gelehrter Theologe, der unter anderem ein „Lehrbuch der Dogmengeschichte in 3 Bänden" (1886-1890) verfasst hat, sowie die grundlegende Arbeit über Marcion (1921).

Er war außerdem ein tätiger Wissenschaftsorganisator und Präsident der „Kaiser-Wilhelm-Gesellschaft zur Förderung der Wissenschaften" und nebenamtlicher Generaldirektor der Königlichen Bibliothek, der späteren Preußischen Staatsbibliothek.

Ebendieser Theologe fand noch die Zeit, „Das Wesen des Christentums" in sechzehn Vorlesungen vor Studierenden aller Fakultäten im Wintersemester 1899/1900 an der Universität Berlin darzustellen. Daraus sollen nur diese Sätze angeführt werden. Die Rede ist vom Evangelium, „es handelt sich um Religion und um das Sittliche; das Evangelium bringt den lebendigen Gott. Das Bekenntnis zu ihm (...) ist auch hier das einzige Bekenntnis (...). Was sich an Erkenntnissen auf Grund dieses Glaubens ergibt – und es sind gewaltige –, das bleibt doch immer verschieden nach Maßgabe der inneren Entwicklung und des subjektiven Verständnisses" (S. 93). „in der Folgezeit bürgerte sich das schlimme Mißverständnis immer mehr ein: wir sind die wahre Kirche, weil wir die „Rechte Lehre" haben (...) nicht in der Theorie, wohl aber in der Praxis bildete sich wieder, wie im Katholizismus, ein doppeltes Christentum aus, (...) der Theologe und der Pastor muß die ganze Lehre vertreten, muß orthodox sein; für den Laien genügt es, daß er einige Hauptstücke festhält und die Orthodoxie nicht angreift" (S. 184).

Man sieht hieraus, um es ganz deutlich zu sagen, dass Harnack den Glaubensinhalt, die fides quae nach der oben angeführten Unterscheidung, zumindest für den Laien, freigibt. C. G. Jung hat sich in dem hier beschriebenen Werk mehrfach ausdrücklich als Laien bezeichnet. Er könnte somit von der bei Harnack eingeräumten Freiheit Gebrauch machen. Das bedeutet aber, dass ihn, vom protestantischen Standpunkt aus, niemand als Häretiker verurteilen kann: wo es keine von der kirchlichen Autorität definierte Lehre gibt, kann es auch keine Abweichungen geben.

Man kann das auch an einem persönlichen Zeugnis aus den „Erinnerungen" von Jung darstellen: „Mein Vater erteilte mir persönlich Konfirmationsunterricht, der mich maßlos langweilte. Einmal blätterte ich im Katechismus, um etwas anderes zu finden als die mir sentimental klingenden und im übrigen unverständlichen und uninteressanten Ausführungen über den hêr Jesus. Da stieß ich auf den Paragraphen über die Dreieinigkeit Gottes. Das war nun etwas, was mein Interesse herausforderte: eine Einheit, die zugleich eine Dreiheit ist. Das war ein Problem, dessen innerer Widerspruch mich fesselte. Ich wartete sehnlichst auf den Moment, wo wir zu dieser Frage kommen würden. Als wir soweit waren, sagte mein Vater: „wir kämen jetzt zur Dreieinigkeit, wir wollen das aber überschlagen, denn ich verstehe eigentlich nichts davon." Einerseits bewunderte ich die Wahrhaftigkeit meines Vaters, andererseits aber war ich aufs tiefste enttäuscht und dachte: Da haben wir's: sie wissen nichts davon und denken auch nichts. Wie kann ich dann davon reden?" (Jung, Erinnerungen, a. a. O., S. 58).

Der hier berichtete Bruch mit der kirchlichen Lehre des Vaters wird in der Folge noch näher erläutert. Wenn Jung schreibt, dass er nach seiner Konfirmation nie mehr in die Kirche gegangen ist, also auch die Predigten seines Vaters nicht mehr gehört hat, so wird damit erklärt, dass die Weitergabe der christlichen Lehre an dieser Stelle für ihn abgerissen ist. Das ist nun nicht nur eine traurige Kindheitserinnerung für Jung, sondern bedeutet sehr viel mehr: wenn sein Vater an diesem Wendepunkt seiner Entwicklung nicht ein Wort zu dem christlichen Zentralmysterium der Trinität zu äußern wagte, dann hat er damit in Kauf genommen, dass er seinen gutwilligen und wissbegierigen Sohn aus der Gemeinschaft der Gläubigen vergrämt hat.

Dabei ist es nun für lange Zeit geblieben, und es ist nicht überliefert, dass Jung später noch sich um Belehrung durch die Theologie bemüht hat. Im Gegenteil: Jung hat zwar sein Leben lang immer in der Heiligen Schrift gelesen, wie zahlreiche Erwähnungen in seinen Werken bezeugen, aber er hat auf deren Auslegung durch die Theologen keinen Wert gelegt: sein Interesse daran hört nach den Kirchenvätern auf. Augustin ist wohl der letzte Theologe aus alter Zeit, den Jung noch intensiv gelesen hat, also nicht mehr die Autoren des Mittelalters und der frühen Neuzeit. Nicht einmal die Reformatoren fanden sein Interesse; vielleicht hat ihn auch das sprichwörtliche Gezänk der Theologen abgestoßen.

Überblickt man seine Entwicklung im Ganzen, so hat Jung auf eigenwillige Weise das urprotestantische Sola-Scriptura-Prinzip verwirklicht. Eine Ausnahme ist aber festzuhalten. Die Gnostiker des zweiten und dritten Jahrhunderts haben ihn sehr wohl intensiver beschäftigt. Sein vitales Interesse geht sogar so weit, dass er einen der gnostischen Lehrer, Basilides, zum Sprachrohr seiner eigenen Überzeugungen gemacht hat, wie die „Septem Sermones ad Mortuos" zeigen. Jung hat die spätere Theologie, wie die Theologen seiner Zeit, nicht nur ignoriert, sondern er setzt sich auch vom Protestantismus „mit seiner willkürlichen und schwankenden Dogmatik" ausdrücklich ab (Antw. S. 164; 11,501).

Nicht genug mit dieser Distanzierung von seiner überkommenen protestantischen Lehre, hat Jung sich auch intensiv mit katholischen Themen beschäftigt, wie seine Interpretation des Mysteriums der Wandlung in der Messe andeutet. Dabei ist es aber nicht geblieben, sondern gegen Ende seines Werkes „Antwort auf Hiob" geschieht eine überraschende Hinwendung zum Katholizismus.

Die im Jahre 1950 erfolgte Dogmatisierung der leiblichen Aufnahme der Gottesmutter Maria in den Himmel hat Jung nicht nur ohne inneren Widerstand zur Kenntnis genommen, sondern er zitiert wörtlich aus dem päpstlichen Dekret „Munificentissimus Deus" und nennt diese kirchliche Lehrentscheidung „das bedeutendste Ereignis seit der Reformation." Die erhabene Gottesmutter, die mit Jesus Christus von aller Ewigkeit her „durch ein und dasselbe Dekret (...) der Vorherbestimmung in geheimnisvoller Weise verbunden war; sie, die unbefleckt war in ihrer Empfängnis, die in ihrer Gottesmutterschaft unversehrte Jungfrau blieb, sie, die hochherzige Gehilfin des göttlichen Erlösers, der über die Sünden und ihre Folgen den vollen Sieg errungen hat: sie erhielt als herrliche Krone aller ihrer Ehrenvorzüge, daß sie von der Verwesung im Grab verschont blieb und wie ihr Sohn nach dem Sieg über den Tod mit Leib und Seele in die Herrlichkeit des Himmels aufgenommen wurde, um dort zur Rechten ihres Sohnes, des unsterblichen Königs der Ewigkeit (1 Tim 1,17), als Königin zu erstrahlen." (Neuner/Roos, „Der Glaube der Kirche", hg. von Karl Rahner SJ sechste, unveränderte Auflage Regensburg 1961, S. 208).

Die Kernsätze des Dogmas lauten: „es ist eine von Gott geoffenbarte Glaubenswahrheit, daß die unbefleckte, immer jungfräuliche Gottesmutter Maria nach Vollendung ihres irdischen Lebenslaufes mit Leib und Seele zur himmlischen Herrlichkeit aufgenommen worden ist." (Neuner/Roos, a. a. O., S. 209)

In seiner höchst eigenwilligen Deutung der Heilsgeschichte spannt Jung den Bogen von dem geistlichen Drama im Buch Hiob über die dadurch motivierte und mitbestimmte Inkarnation bis hin zu den großen Endzeitvisionen der Apokalypse. Gewissermaßen im letzten Kapitel dieser noch nicht abgeschlossenen Heilsgeschichte erkennt Jung in dem Mariendogma von 1950 noch einmal einen herausragenden Höhepunkt, der eigentlich die Krönung der ganzen Entwicklung ist.

Bekanntlich ist Ernst Jünger um sein hundertstes Lebensjahr der Katholischen Kirche beigetreten. Wer weiß, wenn C. G. Jung dieses Alter erreicht hätte, wohin ihn dann sein Weg noch geführt hätte.

Fragen an das Johannesevangelium

Im Anfang war das Wort
Joh 1,1

Ich kann das Wort so hoch unmöglich schätzen
Goethe, Faust I, 1227 f.

Das Wort ist der Phallus des Geistes
Gottfried Benn

Zu Beginn der Erörterung eines biblischen Textes erwartet man vielleicht die üblichen Einleitungsfragen, also nach dem Verfasser, der Zeit seiner Entstehung, seiner literarischen und sprachlichen Eigenart, dem Kreis, an den er sich wendet, und den Schicksalen seiner Überlieferung. Nichts von alledem lässt sich schlüssig beantworten, und am Ende müssen wir möglicherweise zufrieden sein, die Fragen vertieft und in ihrer Unbeantwortbarkeit einsichtig gemacht zu haben. Dass das nicht nur das resignierende Ergebnis der Bemühungen eines Nichtfachmanns ist, dürften auch die Urteile berufener Kenner bestätigen. So schreibt W. Bousset am Anfang seines ausführlichen Artikels über das Johannesevangelium: „Gern wüßten wir (...) in erster Linie etwas von der Person des Verfassers. Aber hier beginnen gleich die großen Schwierigkeiten, die von allen Seiten diese wunderbare Schrift umgeben und ihr Verständnis hemmen. Um die Person des Verfassers webt sich ein Geheimnis, dessen Schleier wohl auf immer ungelüftet bleiben wird" (W. Bousset, Art. Johannesevangelium. In: Die Religion in Geschichte und Gegenwart I, 1912, S. 608-636; 608).

Robert Eisler überschreibt seine große Arbeit: „Das Rätsel des Johannesevangeliums" (Eranos-Jb 3, 1935, S. 323-511), und er führt noch mehrere ähnlich lautende Urteile an, so das von Albert Schweitzer: „Das literarische Rätsel dieser Schrift ist unlösbar. Nie werden wir erfahren, wer ihr Verfasser ist, und wie er dazu kommt, Johannes, den Jünger des

Herrn, zum Gewährsmann seines Berichtes zu machen." (Die Mystik des Paulus, 1930), und schließlich Rudolf Bultmann, der einen der bedeutendsten Kommentare verfasst hat: „Die Stellung des Johannesevangeliums in der urchristlichen Geschichte ist in der Tat ein Rätsel, das m. E. auch heute noch nicht gelöst ist" (1925).

Andere sprechen von der Crux der Exegeten, und auch der jüdische Religionshistoriker David Flusser fühlt sich veranlasst, in seiner Jesus-Monographie (überarbeitete Fassung rm 50632. Reinbek 1999) nahezu an jeder Stelle, an der er dieses Evangelium erwähnt, eindringliche Warnhinweise zu geben: „... das vierte Evangelium wird in Blick auf die Frage nach dem historischen Jesus mit Recht nicht als eine verläßliche Quelle angesehen" S. 7; „bei dem historisch weniger verläßlichen Johannes ..." S. 20; ebenso S. 35: „bei dem historisch weniger interessierten Johannes" S. 49, ebenso S. 60, und gegen Ende gibt er fast widerwillig zu: „hierin kann man sich auf Johannes verlassen" S. 126, als er Einzelheiten der Verhaftung Jesu berichtet.

Damit berührt Flusser das eigentliche Motiv, sich um das Verständnis dieses offenbar mehrfach versiegelten Textes zu bemühen: Man nimmt die Schwierigkeit dieses Evangeliums in Kauf, um etwas über Jesus von Nazareth zu erfahren. Aber kann man nicht womöglich darauf verzichten, diese Schrift zu benutzen? In einem umfangreichen Artikel über Jesus Christus erwähnt R. Geiselmann das Johannesevangelium etwa ein Dutzend Mal, während er aus der höchst unverlässlichen Apostelgeschichte – die Uta Ranke-Heinemann als ein „Märchenbuch" bezeichnet hat – über 60 Mal zitiert. Da kann man schon fast von einer Berührungsangst sprechen, die den Autor daran hindert, sich neben den synoptischen Evangelien, also Markus, Matthäus und Lukas, auch noch auf das Johannesevangelium einzulassen (Vgl. R. Geiselmann, Art. Jesus Christus, In: Handbuch Theologischer Grundbegriffe 2, 379-412).

Dagegen urteilt ein anderer Mitarbeiter desselben Lexikons, P. Bläser: (es) „scheint Johannes den wirklichen Verhältnissen näher zu kommen als die vorhergehenden Evangelien" (Art. Evangelium, In: Ebd. 1, 397 f. 2. Aufl. München 1973).

Mit dem zuletzt angeführten positiven Urteil verbindet der Verfasser ungeprüft und ungefragt die traditionelle Anschauung, wonach Johannes das zeitlich späteste Evangelium sei. Dem widerspricht seit Jahrzehnten ein einsamer Forscher, Klaus Berger in Heidelberg, und er hat dieser Frage ein eigenes Werk gewidmet: „Im Anfang war Johannes. Datierung und Theologie des vierten Evangeliums" (1997). 2. Aufl. Gütersloh 2003, dem ich mich hier in vielem anschließe, und von dem ich – neben der schon genannten großen Arbeit von Eisler – das meiste über Johannes gelernt habe, wie auch aus seiner monumentalen Theologiegeschichte des Urchristentums (2. Aufl. Tübingen und Basel 1995).

Damit kommen wir wieder zum zentralen Thema der Schrift, um deren Verständnis wir uns hier bemühen, und hören dazu die Feststellung eines katholischen Exegeten, Alfred Wikenhauser: „Im Mittelpunkt der joh (anneischen) Darstellung steht das Geheimnis der Person Jesu. Die Selbstoffenbarung des ewigen Gottessohnes ist der wesentliche Inhalt des vierten Ev (angeliums)." (Einleitung in das Neue Testament. Freiburg 1953, S. 214)

Wenn Wikenhauser hier so bestimmt vom „ewigen Gottessohn" spricht, dann steht er natürlich fest in der Tradition der Kirche. Diese hat übrigens mehr als vier Jahrhunderte gebraucht, bis sie auf dem Konzil von Chalzedon zu einem relativen Abschluss der Lehrstreitigkeiten um die Christologie gekommen ist und diese abschließende Formulierung zum Dogma erklärt hat: „Folgend also den heiligen Vätern, lehren wir alle einstimmig, daß der Sohn, unser Herr Jesus Christus, ein und derselbe sei. Der eine und selbe ist vollkommen der Gottheit und vollkommen der Menschheit nach, wahrer Gott und wahrer Mensch, bestehend aus einer vernünftigen Seele und dem Leibe" (Neuner-Roos, Der Glaube der Kirche, 6. unveränd. Aufl. Regensburg 1961, S. 165 (Nr. 252). Soweit also das „spezifisch abendländische Verständnis von Jesus Christus", R. Geiselmann, Art. Jesus Christus in HTG 2, 408-411; 411. Damit ist zugleich die Möglichkeit gegeben, die hier vorgetragenen Erörterungen näher zu umgrenzen und von unangemessenen Ansprüchen fernzuhalten.

Weil ich weder die Kenntnisse noch die kirchliche Ermächtigung, die „Missio canonica", habe, Theologie als die Lehre der Kirche vorzutragen, muss ich mich auf das beschränken, was vom allgemein historischen, literarhistorischen und religionsgeschichtlichen Standpunkt über den Menschen Jesus Christus von Nazareth ausgesagt werden kann, und zwar nur über den Menschen. Dazu ermutigt gerade die Formulierung des dogmatisierten Textes aus dem Jahre 451; denn wenn Jesus Christus als „wahrer Gott und wahrer Mensch" beschrieben wird, kann es nicht verboten sein, sich in genauer Einschätzung der eigenen Erkenntnismittel auf die Seite des „wahren Menschen" zu beschränken, um das Erforschliche zu erforschen und das Unerforschliche schweigend verehren zu können, um ein bekanntes Wort Goethes abzuwandeln.

Die vielen Rätsel, die das Johannesevangelium aufgibt, beginnen bereits mit dem Text, den man vielleicht etwas zu unbedacht den Prolog nennt: „Im Anfang war das Wort..." Joh 1, 1-18. Rudolf Bultmann widmet diesen wenigen Zeilen fast 60 Seiten in seinem großen Kommentar, „Das Evangelium des Johannes". (17. Aufl. Unveränderter Nachdruck der 10. Aufl. von 1941. Göttingen 1962). Er schreibt: „... eine Einleitung oder ein Vorwort im üblichen Sinn ist dieser Prolog nicht (...) Vielmehr ist das Stück in sich geschlossen; es brauchte gar nichts zu folgen." Immer schon hat man die Verbindungslinien zum ersten Kapitel der Genesis gezogen, was naturgemäß am griechischen Text der Septuaginta besonders deutlich hervortritt. Aber hier von einer Anspielung auf den feierlichen Schöpfungshymnus aus dem Priesterkodex zu sprechen, ist denn doch zu wenig. Eher handelt es sich um einen Text, der selbstbewusst neben den erhabenen Bibeltext tritt.

Das Gemeinte kann man sich vielleicht am besten an einer frühen Dichtung von Rudolf Borchardt klarmachen: der „Geschichte des Heimkehrenden" von 1905, seit 1907 unter dem Titel „Das Buch Joram" bekannt (IB 93. Leipzig 1920), mit der der Autor nach eigenem Bekunden einen Pflock neben der Bibel einschlagen wollte.

Auszuschöpfen ist der Gehalt dieser Eingangsverse kaum, und auch die vorsichtige Erörterung der sprachlichen Beziehungen zu manchen gnostischen Anschauungen, wie sie in der Entgegensetzung von Licht und Finsternis gesehen werden, kann hier noch nicht unternommen werden. Um so schwierigen Fragen noch eine Zeitlang auszuweichen, sei stattdessen zunächst ein schlicht erzählender Text angeführt. So lesen wir im 3. Kapitel:

Es war aber ein Mann von den Pharisäern mit dem Namen Niko-demus, ein Oberer der Juden. Dieser kam zu ihm nachts und sagte zu ihm: Rabbi, wir wissen, daß du als Lehrer von Gott gekommen bist. Denn niemand kann diese Zeichen thun, die du thust, es sei denn Gott mit ihm. Antwortete Jesus und sagte zu ihm: wahrlich, wahrlich, ich sage dir: wenn einer nicht von oben her geboren wird, so kann er das Reich Gottes nicht sehen. Sagt zu ihm Nikodemus: wie kann ein Mensch geboren werden, wenn er ein Greis ist? kann er denn in den Leib seiner Mutter zum zweitenmal eingehen und geboren werden? Antwortete Jesus: wahrlich, wahrlich, ich sage dir, wenn einer nicht geboren wird aus Wasser und Geist, so kann er nicht in das Reich der Himmel eingehen. Was aus dem Fleische geboren ist, ist Fleisch, und was aus dem Geiste geboren ist, ist Geist. Wundere dich nicht, daß ich dir gesagt habe: ihr müsset von oben her geboren werden. Der Wind weht, wo er will, und du hörst sein Sausen, aber du weißt nicht, woher er kommt und wohin er geht; so ist es mit jedem, der da aus dem Geiste her geboren ist. Antwortete Nikodemus und sagte zu ihm: wie kann das geschehen? Antwortete Jesus und sprach zu ihm: du bist der Lehrer Israels und verstehst das nicht? (Joh 3, 1-9)

Lassen wir einmal die schwierigen Inhalte wie das Reich Gottes und die Geburt und Wiedergeburt aus dem Geiste beiseite, und stellen statt-dessen eine der „Fragen eines lesenden Arbeiters", so wie sie Brecht formuliert hat. (Sie erinnern sich: „Wohin gingen an dem Abend, wo die chinesische Mauer fertig war, die Arbeiter?")

In unserem Falle würde die Frage lauten: Woher wusste Nikodemus, der, als Mitglied des Hohen Rates, Jesus nur zu nächtlicher Stunde aufzusuchen wagte, wo und in welchem Haus in Jerusalem er den Wanderlehrer antreffen könne, der ihn so offensichtlich beunruhigt hatte? Er wusste offenbar, wo Jesus in der Stadt immer ein willkommener Gast war, der dort stets ein Unterkommen fand, möglicherweise sogar mit Begleitern? Wenn es demgegenüber bei Matthäus heißt: „Der Menschensohn hat nichts, wohin er sein Haupt lege (Mt 8,20)", so ist das schlicht nicht wahr! Er hatte! Abgesehen vom Haus seiner Mutter, das ihm immer noch offenstand, verfügte er über etliche „Pfalzen" im Land, wie Stefan George das genannt hat. Das bekannteste dieser gastlichen Häuser ist das der Geschwister Martha, Maria und Lazarus in Bethanien, aber auch in Jerusalem hatte er offenbar ein Stammquartier. Das musste dem „Ratsherrn" Nikodemus bekannt sein; aus welchem Grunde, das kann später noch erörtert werden. Fügen wir also hier die gar nicht so weit hergeholte Vermutung ein, dass die genannten Geschwister, die in Bethanien begütert waren, auch über ein Stadtpalais in Jerusalem verfügten, wie man das in unserem 18. Jahrhundert zu nennen pflegte, zumal Lazarus auch dienstlich in der Heiligen Stadt zu tun hatte: Er gehörte auch dem Hohen Rate an. So ergibt sich die Beziehung zu Nikodemus recht zwanglos.

Eine Formulierung aus dem nächtlichen Gespräch soll aber noch aufgegriffen werden: Nikodemus fragt Jesus nach der Herkunft seiner Macht, kraft derer er die erwähnten Zeichen gewirkt habe. Sehen wir darum nun diese Zeichen (semeia = Wunder) näher an. Das Evangelium berichtet davon eine ganze Reihe. Diese beginnt mit der Verwandlung von Wasser in Wein auf der Hochzeit zu Kana (Joh 2, 1-11).

Kana ist ein Dorf in Galiläa, nicht weit von Nazareth, und Jesus begleitete seine Mutter zu der Hochzeit dorthin; vielleicht waren sie ja mit den Brautleuten verwandt.

So ganz begeistert war Jesus von dieser Sohnespflicht offenbar nicht, wie dann aus seinem unvermittelten Zornesausbruch gegen seine Mutter hervorgeht. Dieser steht in keinem Verhältnis zu der ganz natürlichen Bitte, dem Bräutigam und Gastgeber aus seiner Verlegenheit zu helfen. Aber ist die Vermutung so ganz abwegig, seine Mutter habe ihm mit der Frage im Ohr gelegen, wann er endlich zu heiraten gedenke? Wenn er wirklich schon um die dreißig war, so musste sich die Mutter ernstlich Sorgen machen, ob er sie wohl noch mit Enkeln erfreuen werde. So wird der Ausbruch verständlicher: „ist meine Sache deine Sache, Frau?" Und die nachgeschickte Erklärung will nicht so recht zu der Bitte passen: „noch ist meine Stunde nicht gekommen" (Joh 2,4).

Die Lösung des Problems, wie Jesus aus dem Wasser für die Händewaschung den köstlichen Wein machen konnte, können wir den berufenen Exegeten überlassen. Sehen wir stattdessen die anderen Zeichen an, die der Evangelist berichtet.

Es sind die folgenden (nach Hemleben, rm 194, 128 f.):

1. Die Wandlung von Wasser in Wein auf der Hochzeit zu Kana (2. Kapitel)
2. Die Heilung des Sohnes des Königlichen (4. Kapitel)
3. Die Heilung des 38 Jahre lang Gelähmten am Teiche Bethesda (5. Kapitel)
4. Die Speisung der 5000 mit fünf Broten und zwei Fischen (6. Kapitel)
5. Die Jünger begegnen dem auf dem Meere bei Nacht Wandelnden (6. Kapitel)
6. Die Heilung des von Geburt an Blinden (9. Kapitel)
7. Die Auferweckung des Lazarus (11. Kapitel).

Für den mit den Stilmitteln der antiken Rhetorik Vertrauten ergibt sich hier ganz klar eine Steigerung: Der seine Mittel sehr bewusst einsetzende Autor bedient sich hier der Klimax.

Nun können wir einen zweiten Blick auf die berichteten Erzählinhalte richten. Dabei ergibt sich, dass Jesus bei der Umwandlung von einer Materie in eine andere Substanz ausgeht, dann mehrere Heilungen

vornimmt, eine große Menschenmenge sättigt, auf der Wasserober-
fläche wandelt und schließlich einen Toten erweckt, aber nicht einen
beliebigen Toten, sondern den Jünger, den er liebte. Diesen Jünger
kennen auch die anderen Evangelisten, und er ist eine der bestbe-
zeugten Gestalten des ganzen Neuen Testaments. Markus berichtet von
einer ersten Begegnung. Hier ist der „reiche Jüngling", der Jesus fragt:
„Guter Meister, was soll ich thun um ewiges Leben zu ererben?." und,
nach einer kurzen Erinnerung an die Hauptgebote, von denen er versichert, sie immer eingehalten zu haben, sagt Jesus: „eines fehlt dir noch;
gehe hin, verkaufe was du hast, und gib es den Armen." Dazu ist er aber
nicht sogleich bereit, denn, wie es heißt: „er war sehr vermöglich."

Bevor aber Jesus diesen letzten und entscheidenden Rat erteilt, wird
berichtet: „Jesus aber sah ihn an, und er faßte Liebe zu ihm" (Mk 10,
17-23), gr. egapesen.

Von daher rührt die immer wiederholte Bezeichnung von dem
Jünger, den Jesus liebte, und für das Johannes-Evangelium wird er zur
zentralen Gestalt. Das wird so unbefragt vorausgesetzt, dass in dem
letzten der Zeichen-Berichte einfach gesagt werden kann: „Herr, siehe,
der den du lieb hast, ist krank." (Joh 11,3) Jesus aber wartet noch zwei
Tage und bricht dann erst wieder auf nach Judäa, wo er dann den
Lazarus schon tot vorfindet. Am Ende erweckt er ihn von den Toten.
Hier wird ein Geheimnis berichtet, und es ist schlicht unangemessen,
sich den befremdlichen Tatbestand herunterzurechnen und etwas von
einem Scheintod vorzubringen. Aber zum Glück brauchen wir hier in
das Innere des Mysteriums nicht einzudringen – was ohnehin nicht
möglich wäre –, sondern wir haben es nur mit dem Evangelientext als
solchem zu tun.

Der Bericht von der Totenerweckung des Lazarus steht nun, wie
schon erwähnt, an letzter Stelle in der Reihe der übrigen Zeichen und
Wunder. Diese Anordnung wurde schon als das Stilmittel der Klimax
erkannt. Wir können aber noch einen Schritt weiter gehen. Für die
Kenner und Liebhaber der Zahlensymbolik sei hier festgehalten, dass
der Verfasser aus der Vielzahl von ihm möglicherweise bekannt gewor-

denen Machterweise Jesu gerade sieben ausgewählt hat und in der vorliegenden Anordnung verzeichnet. Es sei darum ein kleiner Exkurs über die Symbolik der Sieben eingeschaltet.

Die Sieben ist ja nicht einfach eine Aufreihung gleichartiger und damit gleichgültiger Elemente wie es vielleicht sieben Stück Würfelzucker wären. Die Sieben weist vielmehr eine gegliederte Struktur auf. Aber hier sind sofort zwei völlig verschiedene Symbolgestalten zu unterscheiden, die ich sehr verkürzt als die christliche und die babylonische Siebenzahl bezeichnen möchte. Um mit der ersteren anzufangen: bekannt sind als Beispiele die sieben Sakramente, die sieben Gaben des Heiligen Geistes, die sieben Weihestufen bei der Priesterweihe – nämlich die vier niederen und die drei höheren Weihen (Subdiakonat, Diakonat und Priesterweihe)- sowie die vier Kardinaltugenden aus der Antike zusammen mit den drei Haupttugenden des Glaubens, der Hoffnung und der Liebe.

Etwas völlig anderes ist dagegen die Sieben als heilige Zahl des alten Zweistromlandes. Sie geht zurück auf die Sonne und die sechs babylonischen Planeten Mond, Merkur, Mars, Venus, Jupiter und Saturn. Ihnen ist je ein Tag der Woche geweiht, und es entspricht ihnen je ein Geschoss des großen Stufenturms in Babylon. Diese Stufen sind außerdem noch in verschiedenen Farben gehalten – es waren ursprünglich farbige Kacheln –, die wiederum den Himmelskörpern entsprechen. – Für unseren Zusammenhang ist nun wichtig, dass unter den sieben Himmelskörpern ganz fraglos der Sonne die beherrschende Stellung zukommt.

Wenn wir nun nicht in einen krassen Anachronismus verfallen wollen, so müssen wir bei den sieben Zeichen des Johannesevangeliums von der babylonischen Symbolstruktur ausgehen. Dann ergibt sich: Dieser siebente und letzte Bericht ist es, auf den nicht nur die ganze Reihe zuläuft, sondern er ist der zentrale Text, um dessentwillen die ganze Siebenzahl der Berichte zusammengestellt ist. Damit ist zugleich gesagt, dass nicht nur der das Wunder bewirkende Jesus im Mittelpunkt steht, sondern auch der von den Toten erweckte Lazarus. Ich halte ihn daher für den Autor des Berichts. Diese Behauptung kann sich zudem noch auf eine knappe Bemerkung im Schlusskapitel des Evangeliums stützen, das freilich etwas beschnitten zu sein scheint. Da ist – in einem längeren Gespräch, das ich nicht ganz wiedergebe – noch einmal die Rede von dem Jünger, „welchen Jesus lieb hatte" (21,20), und es fragt Petrus: „Herr, was ist es aber mit diesem? Sagt Jesus zu ihm: wenn ich will, daß er bleibe, bis ich komme, was geht es dich an? Du folge mir."

Es wird dann berichtet, wie es unter den Jüngern offenbar ein Missverständnis gab, weil nämlich die von Jesus erörterte Möglichkeit fälschlicherweise für die Ankündigung einer Wirklichkeit genommen wurde. Darum heißt es: „So gieng denn dieses Wort aus zu den Brüdern, daß jener Jünger nicht sterbe." Das wird sogleich zurückgewiesen in dem nächsten Satz: „Und Jesus hat nicht zu ihm gesagt: er sterbe nicht, sondern: wenn ich will, daß er bleibe, bis ich komme, was geht es dich an?" (21,21-23). So gilt dieser Rüffel also dem begriffsstutzigen Petrus, und aus dem Zusammenhang hat man verstehen wollen, dass beide, also Petrus und der Lieblingsjünger, zu dieser Zeit schon tot waren. Ob der Schluss zwingend ist, kann ich nicht entscheiden. Jedenfalls folgt noch der Satz: „Dies ist der Jünger, der für dieses zeugt und dieses geschrieben hat, und wir wissen, daß sein Zeugnis wahr ist" (21,24). Das liest sich also, wenn man es unbefangen betrachtet, wie ein Zeugnis des Herausgebers oder Redaktors, in dem dieser die Autorschaft dem Lieblingsjünger zuschreibt.

Es gehört zu den Rätseln der akademischen Auslegung des vierten Evangeliums, dass dieses doch recht klare Zeugnis so beharrlich übersehen wurde und wird. Ein besonders krasses Beispiel professoraler Blindheit – oder soll man sagen Voreingenommenheit – bietet ausgerechnet der große Bultmann in seinem von unausschöpfbarer Gelehrsamkeit zeugenden Kommentar: „der Lieblingsjünger dürfte überhaupt keine historische Gestalt sein" (Bultmann, Johannes, S. 521 Anm. 4). Dagegen ist – mit allem Respekt vor Bultmann – denn doch festzuhalten: der Lieblingsjünger ist ein wirklicher Mensch, und er ist genauso real wie etwa Pontius Pilatus.

Nun aber zu der hier behaupteten Gleichsetzung des Lieblingsjüngers, also des Lazarus, mit dem Verfasser des Evangeliums, oder,
vorsichtiger gesagt, eines Teiles des Evangeliums, das ich darum als
das Protoevangelium des Lazarus bezeichnen möchte. Diese Gleichsetzung findet sich zuerst bei einem Schweizer Theologen, Johannes
Kreyenbühl, der bereits im Jahre 1900 den ersten Band eines zweibändigen Werkes veröffentlicht hat: „Das Evangelium der Wahrheit. Neue
Lösung der Johanneischen Frage." Berlin 1900. Dem folgte 1905 eben-
dort der zweite Band. Allerdings kann man Kreyenbühl nur mit dem
ersten Teil seiner These rechtgeben; was den Autor angeht, sieht er ihn
in einem sonst unbekannten Gnostiker namens Menandros von Antio-
chia (vgl. Johannes Hemleben, Evangelist Johannes. rm 194, 14-17.
Tausend, Reinbek 1973, S. 30 f.)

Nach Kreyenbühl hat dann, immer noch nach Hemleben, Rudolf
Steiner diese Fragen wieder aufgenommen – was natürlich in der
gelehrten Welt keine Empfehlung bedeutet, und sie werden breit ausge-
führt in dem großen Eranos-Beitrag von Robert Eisler „Das Rätsel des
Johannesevangeliums." In: Eranos-Jahrbuch Nr. 3 (1935), S. 323-511.
(Auch als Buch erschienen nach seiner Emigration in englischer
Sprache: The Enigma of the Fourth Gospel. London 1938).

Bietet schon die Gleichsetzung des Lieblingsjüngers mit Lazarus
für viele genug des Anstößigen und der Schwierigkeiten, so verschärft
sich bei näherer Lektüre des überlieferten Evangelientextes die Frage,
ob nun der ganze Text oder wenigstens der größte Teil davon diesem
einen Autor zugeschrieben werden kann. Ohne den ganzen Umfang
des Problems erörtern zu können, möchte ich auf eine herausgehobene
Gruppe von Aussagen hinweisen, die in der exegetischen Literatur als
die „Ich-Bin-Sprüche" bezeichnet werden. Es sind dies eine Reihe von
Selbstaussagen Jesu im Johannes-Evangelium, wiederum sieben an
der Zahl, die so gar nicht zum Bild des demütigen und bescheidenen
Wanderrabbis der Synoptiker passen wollen. Sie verdienen aber höchste
Aufmerksamkeit, weil sie nun einmal in diesem Evangelium stehen,

das Klaus Berger mit vielen überzeugenden Argumenten als das älteste dargestellt hat.

Sehen wir uns diese Ich-Bin-Worte näher an. Es sind die folgenden:

- Ich bin das Brot des Lebens (Joh 6. 35 und 48)
- Ich bin das Licht der Welt (Joh 8,12)
- Ich bin die Tür (Joh 10,7 und 9)
- Ich bin der gute Hirte (Joh 10,12 und 14)
- Ich bin die Auferstehung und das Leben (Joh 11,25)
- Ich bin der Weg und die Wahrheit und das Leben Joh 14,6
- Ich bin der wahre Weinstock Joh 15,1 und 4.

Dazu schreibt Hemleben in seiner Johannes-Monographie: „Aus einem Menschenmund sind alle sieben Aussagen unerträglich. Welche Überschätzung, welch ein Hochmut wäre es, wenn irgendein Mensch, und sei er noch so bedeutend, von sich sagte: „Ich bin das Licht der Welt!" (rm 194, 126).

Versuchen wir, uns dem Problem vorsichtig und schrittweise zu nähern. Zunächst eine einfache sprachliche Bemerkung, die allerdings nur vom griechischen Text her naheliegt. Alle diese Worte beginnen mit „ego eimí." Das ist nicht einfach: „ich bin"; denn eimí heißt für sich allein schon „ich bin." Wird nun, was von der Grammatik her völlig überflüssig ist, das Personalpronomen ego noch eigens vorangestellt, so kann es sich nur um eine besondere Betonung handeln. Entsprechend müssen wir im Deutschen lesen: „ICH bin." Schon ergibt sich die Frage nach dem Sinn dieser Hervorhebung. Hier gleich von einem besonders ausgeprägten Narzissmus zu sprechen, geht meiner Ansicht nach am Kern der Sache vorbei.

Wie bei allen theologischen Aussagen, ist auch hier zuerst zu fragen: Gegen wen richtet sie sich? Dann wird deutlich, dass es sich um eine polemische Äußerung handelt, die der Abgrenzung dient. Also können wir ergänzen: „ICH bin das Licht der Welt – und nicht der Andere!" Es handelt sich also um Formulierungen, die in der Hitze des Gefechts zwischen verschiedenen Konkurrenten um die Stellung des Messias-Königs gefallen sind, und die, losgelöst vom historischen Zusammenhang, ihren Sinn verlieren. (Sie dann isoliert zu zitieren, ist auch eine Art von fundamentalistischem Umgang mit dem Bibeltext).

Können wir uns auf diese schlichte Lösung verständigen, so wird erneut die Frage dringlich: Wer spricht hier eigentlich so von sich? Denn diese Äußerungen nur selbstbewusst zu nennen, wird ihnen nicht gerecht; man könnte sie eher marktschreierisch nennen. Damit ist aber wieder die Quellenfrage aufgeworfen, und man tut gut, allen möglichen Hinweisen unbefangen nachzugehen. Was können wir beispielsweise dieser Nachricht entnehmen, dass „ein unter Papst Zephyrin (199-217) lebender, sehr gelehrter Schriftsteller Gaius außer der Apk auch das vierte Ev verworfen und es dem Ketzer Cerinth als Verfasser zugeschrieben habe, weil es im Widerspruch zu den syn Evv stünde" (Alfred Wikenhauser, Einleitung in das Neue Testament. Freiburg 1953, S. 205).

Ich meine, man sollte den Hinweis durchaus beachten, denn im Altertum wurden solche Behauptungen nicht leichtfertig aufgestellt. Natürlich können wir den Wahrheitsgehalt nicht direkt bestätigen, weil wir nicht mehr über die Quellen verfügen, die dem Gaius zur Verfügung standen. Gesetzt aber, es sei etwas daran an seiner These, dann müssen wir ernsthaft mit der Möglichkeit rechnen, dass dem Herausgeber oder Redaktor, als den die spätere Tradition den Presbyter Johannes (um die Wende zum 2. Jahrhundert) bezeichnete, neben dem „Protoevangelium des Lazarus" noch mindestens eine weitere Quelle vorlag – und außerdem müssen wir bei so einem gewandten Stilisten auch noch mit eigenen Bestandteilen rechnen.

Auch sonst erfahren wir aus alter Zeit noch einiges über die Entstehung unseres Evangeliums. Da gibt es die sogenannten „antimarcionitischen Prologe", die in lateinischer Sprache in einigen alten Handschriften den Evangelien vorangestellt sind. Diese hat Robert Eisler sehr eingehend studiert und er gibt auch die – freilich arg verstümmelten – Texte im Wortlaut wieder. Von besonderem Interesse ist die überraschende Mitteilung, dass ausgerechnet der später als Ketzer exkommunizierte Marcion dem Presbyter Johannes bei der Abfassung seines Evangeliums als Schreiber gedient habe, aber wegen seiner „gegensätzlichen" Meinungen von Johannes „mißbilligt" und „hinausgeworfen" worden war (Eisler, a. a. O, S. 348).

Zuvor gibt es aber noch eine andere Notiz: „Is vero scripta vel epistulas ad eum pertulerat a fratribus qui in Ponto fuerunt" (a. a. O, S. 345). Danach habe er sich also bei Johannes mit Schriften eingeführt, die von den Brüdern im Pontus stammten, m. a. W., er war es, der dem Johannes eine zusätzliche Quellenschrift mitbrachte, die dieser dann in sein Evangelium eingearbeitet habe.

Damit haben wir einen weiteren Mosaikstein in der Hand, der auf eine von der Lazarus-Niederschrift völlig verschiedene Quelle hinweist. Ihr können wir also jene Textpartien zuweisen, die später von Gaius als vom Gnostiker Cerinth stammend verworfen wurden. Nun bliebe nur noch, über den Inhalt eine mehr als eine nur wahrscheinliche Vermutung aufzustellen: Cerinth, das verweist uns nach Syrien, und er könnte zumindest vom Ton her der Übermittler der Ich-Bin-Sprüche sein, die dann von Johannes – aus welchen Gründen auch immer – auf Jesus übertragen worden sind. Es gibt übrigens eine Arbeit eines neueren Forschers, die in ebendiese Richtung weist, das Buch: Ed. Schweizer, „Ego eimí. Die religionsgeschichtliche Herkunft und theologische Bedeutung der johanneischen Bildreden", Göttingen 1939.

Nun bleibt nur noch zu ermitteln, wem diese Aussagen ursprünglich zugehören. So viel aber können wir ungescheut behaupten: Es muss sich um einen Konkurrenten Jesu, also um einen Messias- Prätendenten handeln, der inzwischen verstorben war und über keinerlei streitbare Anhängerschaft mehr verfügte, so dass Johannes ungestraft seine Sprüche auf den im Streit siegreichen Messias, also auf Jesus, übertragen konnte. Um das Ergebnis vorwegzunehmen: es dürfte sich um den in der Apostelgeschichte so heftig bekämpften Simon Magus handeln.

Bevor wir uns dieser zwielichtigen Gestalt näher zuwenden, sollen zuerst noch ein paar Textstellen kurz besprochen werden, die auch in diesem Evangelium stehen und z. T. höchstes Befremden erregt haben. Das ist zunächst das Gespräch am Jakobsbrunnen. (Joh 4, 7-9). Hier ist zwar jedes Wort wichtig, aber ich kann trotzdem den Bericht nur auszugsweise anführen. Er lautet: „Wie nun der Herr inne ward (...) verließ er Judäa und gieng wieder hin nach Galiläa. Er mußte aber durch Samarien reisen. So kommt er in eine Stadt in Samarien Namens Sychar (...) Es war aber daselbst eine Quelle Jakobs. Jesus nun, müde von der Wanderung, setzte sich also bei der Quelle (...) Kommt eine Frau aus Samarien, um Wasser zu schöpfen. Sagt Jesus zu ihr: gib mir zu trinken (...) Da sagt die Samaritische Frau zu ihm: wie magst du, der du ein Jude bist, von mir, da ich eine Samaritische Frau bin, zu trinken verlangen?" (denn die Juden verkehren nicht mit den Samaritern)

Ich breche das Zitat hier ab; wir haben aber die Tatsache erfahren, dass die Frau sich wundert, dass Jesus als ein Jude sie überhaupt anspricht und um Wasser bittet. Von dieser Stelle her fällt Licht auf eine sehr befremdliche Formulierung im 8. Kapitel, die wir gleich noch eingehend prüfen müssen. Zuvor aber sei noch festgehalten, dass – in der Fortsetzung der geschilderten Szene – noch das besonders starke Echo berichtet wird, das das Wirken des Jesus in dieser Gegend erfuhr:

„Aus jener Stadt aber faßten viele von den Samaritern Glauben an ihn, um der Rede der Frau willen (...) denn wir haben selbst gehört und erkennen, daß dieser ist wahrhaftig der Heiland der Welt" (4,39-42). Es wird auch sogleich hervorgehoben, daß Jesus einen solchen Erfolg in seiner Heimat Galiläa nicht erzielte: „Denn Jesus selbst hat bezeugt, daß ein Prophet in seiner Vaterstadt nicht geschätzt wird" (4,43 f.).

Es wird also ein starker Kontrast herausgearbeitet zwischen der Aufnahme, die Jesus bei den Samaritern gefunden hat, und der kühlen Ablehnung durch seine engeren Landsleute (ja sogar durch seine eigene Familie). Der Gegensatz zeigt eine weit größere Differenz, als es eine bloße Rivalität zwischen verschiedenen Landschaften eines zusammengehörigen Landes sein könnte. Wir müssen uns also zunächst etwas kundig machen, was es denn mit Samaria bzw. den Samaritanern auf sich hatte.

„Die Religion der Samaritaner ist in der Hauptsache die jüdische, und zwar z. T. in einer Gestalt, die diese etwa im 5. Jahrhundert v. Chr. hatte (...) Die Alleinberechtigung Jerusalems als Heiligtum erkannten sie nicht an, verehrten vielmehr den Garizim und den dort erbauten Tempel als ihre heilige Stätte (...) Nach Joh 4,25 erwarteten sie den Messias (Ta'eb, d. h. den Wiederkehrenden) er ist geringer als Mose, stirbt 110 Jahre alt und ist als weltlicher Fürst gedacht. (...) Aus den schwer zu entwirrenden Überlieferungen (...) ergibt sich (...) daß ein vielfach mit Simon Magus in Verbindung gebrachter Sektenstifter Dositheus in der Zeit Christi gelebt hat (...) dessen Sekte sich bis in die Zeit des Origenes erhalten hat (...) Die Sekte war asketisch und enkratitisch, hatte heilige Waschungen und sehr strenge Sabbathgesetze (...) Daß in neutestamentlicher Zeit magische Künste in Samarien blühten (...)zeigt Simon Magus, der nach Justin (...) aus Gittä in Samarien stammte, und dessen Schüler Menander ist ..." Fiebig, Art. Samaria: III. Religion, RGG V (1. Aufl.) 238-240.

Es verwundert also nicht, dass die Judäer und Galiläer die Samaritaner nicht als Juden anerkannten, und dass von deren Seite her Hassgefühle bestanden. Das konnte zu mancherlei Anfeindungen führen, wie diese Stelle bezeugt: „Die Juden hoben an und sprachen zu ihm (nämlich zu Jesus!) sagen wir nicht recht, daß du ein Samariter bist und einen Dämon hast?" (8,48). Jetzt sind wir in die Lage versetzt, auch jenen schroff und befremdlich klingenden Ausbruch Jesu einordnen zu können: „Ihr habt den Teufel zum Vater, und eures Vaters Gelüste wollt ihr vollbringen" S. 44). Halten wir also fest: Etwas in der Predigt Jesu kam den alten Heilserwartungen der Samaritaner entgegen. Das erklärt seinen Missionserfolg in dieser Gegend (Aber war es wirklich sein Erfolg und nicht etwa der seines Rivalen Simon? Es muss noch mehr Gemeinsamkeiten gegeben haben, die sie so verwechselbar machten: Verdächtig in dieser Hinsicht ist, dass Jesus selbst von aufgebrachten Juden für einen Samaritaner gehalten werden konnte).

Alte innerjüdische Streitigkeiten, die längst abgetan sind und uns nichts mehr angehen, könnten Sie sagen. Es gibt aber Anlass, sich sehr genau in die Feindseligkeit zwischen den Samaritanern und den Juden einzufühlen, denn sonst kann man die heftige Ablehnung von Seiten Jesu nicht verstehen – wie immer und stets aufs Neue zu bemerken ist. Jedenfalls können wir daraus entnehmen, dass es völlig verfehlt ist, in diese Stellen so etwas wie christlichen Antisemitismus hineinzulesen. Natürlich ist dieses Zitat, aus dem Zusammenhang genommen, auch immer wieder missbraucht worden; aber es nur dem Wortlaut nach anzuführen und zur Grundlage umfangreicher Beweisketten zu machen, kann nur als fundamentalistischer Umgang mit den Texten bezeichnet werden.

Ein anderes mögliches Missverständnis ist, wenn man hier eine Abgrenzung der frühen christlichen Gemeinde vom Judentum erkennen will. Auch hier gilt es sehr genau zu differenzieren. Der Abgrenzungsprozess vom Judentum war vielleicht im dritten Jahrhundert beendet. Wir wissen aber nicht genau, wann er eingesetzt hat. Die sich herausbildenden Gemeinden, die Fragen um die Einhaltung der Speisegebote und die Notwendigkeit der Beschneidung sind ein längerer Prozess, der sicher nicht in einer Generation zu seinem Ende kam und wohl auch lokale Besonderheiten aufwies. Ehe man hier mit der sonst so berechtigten und nötigen Abwehr von Antisemitismus dazwischenfährt, sollte man sich doch erst um genauere historische Kenntnisse bemühen.

Ich muss mich hier von diesen Fragen trennen, um zu dem eigentlichen Ziel zu kommen, um dessentwillen das ganze Evangelium geschrieben ist: dem Bericht über die Passion Jesu. Sogleich ergibt sich ein Problem: Wo setzt in dieser Schrift die Leidensgeschichte ein? Zwar finden sich alle nur wünschbaren Hinweise, aber sie stehen nicht unbedingt in der Reihenfolge, wie man es erwarten könnte. Ob dies kompositorische Absicht ist oder ob der Text später in Unordnung geraten ist, braucht uns nicht sonderlich zu beschäftigen, wenn wir nur alle wichtigen Hinweise sammeln und beachten.

Relativ früh in diesem Werk gibt es einen sehr verknappten Bericht über einen Konflikt innerhalb der Anhängerschaft Jesu, der in Kapernaum ausgebrochen ist und zu einer regelrechten Spaltung unter den Jüngern geführt hat: „Von da an nun traten viele von seinen Jüngern zurück und wandelten nicht mehr mit ihm. Da sprach Jesus zu den Zwölf: ihr wolltet doch nicht auch fortgehen?" (6,66 f.)

Der eigentliche Grund für den Abfall vieler Anhänger wird nicht recht deutlich. Dafür aber wird eine Folge erkennbar: eine deutliche Radikalisierung, und zwar bei Jesus selbst. Überspitzt ausgedrückt wird aus der Verkündigung des Reiches Gottes nun die handfeste Rebellion. Sie beginnt mit der sogenannten Reinigung des Tempels, die als ein sehr gewalttätiger Auftritt verstanden werden muss.

Die Synoptiker berichten sie vor der Passion, während sie im Johannesevangelium schon im zweiten Kapitel steht, und zwar mit sehr konkreten Einzelzügen, die das Ganze noch einmal verschärfen. Nur hier heißt es: „Und er machte eine Geißel aus Stricken und trieb sie alle aus dem Tempel samt den Schafen und Ochsen, und schüttete die Münze der Geldmäkler aus und warf ihre Tische um" (Joh 2, 15-16). Es gelang ihm zwar nicht, den Tempelbezirk auf Dauer besetzt zu halten, aber es genügte, um den Hohen Rat sich zum Feinde zu machen. Das führte letztlich zu seinem Tod.

Die folgenden Texte lassen einen ziemlich geordneten Ablauf der Ereignisse erkennen. Sie stammen offenbar aus der Niederschrift des Lazarus, wie an manchen Einzelzügen erkennbar wird, die ihn als direkten Augenzeugen voraussetzen.

Auf dem Weg zu seinem Tod und seiner Verklärung ist Jesus offenbar ein letztes Mal im Hause der drei Geschwister in Bethanien zu Gast. Hier ereignet sich nun jene Szene, die je nach Einstellung des Betrachters Anlass der Rührung oder peinlicher Betroffenheit ist: die Salbung durch Maria Magdalena: „Jesus kam nun sechs Tage vor dem Passa nach Bethania, wo Lazarus war, den Jesus von den Toten erweckt hatte. Da richteten sie ihm dort ein Gastmahl, und die Martha wartete auf (...), der Lazarus aber war einer von denen, die mit ihm zu Tische saßen. Da nahm die Maria ein Pfund ächter kostbarer Nardensalbe, salbte Jesus die Füße, und trocknete ihm die Füße mit ihren Haaren."

Es folgt der Vorwurf des Judas, weshalb man die Salbe nicht verkaufe und das Geld den Armen gegeben habe. „Da sagte Jesus: „laß sie, es mag ihr gelten für den Tag meines Begräbnisses" (Joh 12, 1-8). Jesus nimmt also die Geste der Zuneigung von Seiten der Sünderin Maria Magdalena dankbar an und wehrt die Krittelei ab, die auch heute noch nicht beendet ist.

Über Maria Magdalena weiß Lukas zu berichten, dass von ihr „sieben Dämonen ausgegangen waren" (Lk 8,2), was Klaus Berger, etwas abstrakt, so ausdrückt: dass sie „durch Exorzismus Jüngerin wurde" (ThG S. 688). Wie sollte sie nicht eine besonders dankbare Beziehung zu ihrem Therapeuten haben! Ulrich Wilckens lässt in seinem Kommentar die Salbung noch als die spontane Geste der Sünderin gelten, fühlt sich aber verpflichtet, fortzufahren: „dabei ist das Abwischen mit dem eigenen Haupthaar deplaziert" (NTD Band 4, S. 186). Glücklicherweise hatte Jesus andere Moralbegriffe als der puritanische Exeget.

Ein Kommentar hebt beflissen hervor, dass die Sünderin nach damaligem Sprachgebrauch eine Prostituierte bedeutete. Genau das aber ist absurd; wenn man sich vor Augen führt, dass Maria Magdalena aus einer der reichsten Familien des Landes stammte, so kann sie nicht eine arme Hure gewesen sein. (Nebenbei: ein glücklicher Zufall hat mir den vierteiligen Roman „Alexandria- Quartett" von Lawrence Durrel in die Hände gespielt, auf den ich schon lange neugierig war. Hier auf den ersten 100 Seiten des Ersten Teils, „Justine", habe ich gelernt, was es mit einer solchen Sünderin auf sich haben könnte. Ich kann diesen Teil der Romandichtung nur dringend empfehlen.)

Der nächste Akt des Dramas, den das Evangelium berichtet, ist der feierliche Einzug Jesu auf einem Eselsfüllen. „Tags darauf, da die Masse der Festgäste hörte, daß Jesus nach Jerusalem komme, holten sie Palmzweige und zogen ihm entgegen und riefen Hosianna, gesegnet sei der da kommt im Namen des Herrn, der König von Israel" (Joh 12, 12-13). Die Szene ist zu bekannt, als dass ich sie noch erläutern müsste. Weniger bekannt aber dürfte sein, dass sich im griechischen Text das einzige sicher identifizierte Fremdwort aus dem Ägyptischen verbirgt, das das Neue Testament enthält: es ist ta baia (sg. baion) für Palmzweige (Vers 13). Das gibt einen Hinweis, wie plausibel die Ansicht Bergers ist: der Verfasser des Johannesevangeliums sei der Herkunft nach Alexandriner (wofür er mehrere Belege anführt). Vielleicht lässt sich vorsichtiger so formulieren, dass der Verfasser seine (insbesondere sprachliche) Kultur in jener ägyptischen Metropole empfangen hat – was läge näher für einen geistig interessierten und dazu wohlhabenden Mann aus Palästina, als einen längeren Studienaufenthalt in Alexandrien zu nehmen? (Denken wir an die Kavalierstour der jungen Adligen im 18. Jahrhundert, die sie in die Zentren der Kultur in West- und Südeuropa geführt hat, vor allem aber nach Paris.) (Nachtrag: Vgl. Klaus Berger, Im Anfang war Johannes, S. 54 ff.)

Von dem Hauptteil des Evangeliums, der Passionsgeschichte, kann ich aus Zeitgründen nur noch stichwortartige Zusammenfassungen geben, aber ich werde auf manche Charakteristika des vorliegenden Textes aufmerksam machen.

Weil wir dazu neigen, aus der Kenntnis des übrigen NT vieles auch noch bei Johannes vorauszusetzen bzw. einfach hineinzuprojizieren, muss man sich einmal klarmachen, was dieses Evangelium alles nicht hat: Im Johannesevangelium fehlen Leidensweissagungen über den Menschensohn; dadurch erlangt die Kreuzigung fast den Charakter eines kontingenten historischen Ereignisses, das so oder auch nicht hätte stattfinden können.

Neu ist gegenüber den Synoptikern das gegenwärtige Gericht durch den Menschensohn (krisis 5,27; der Menschensohn als Speise (6,53), dagegen keine Einsetzung des Abendmahls als dauerhafte Einrichtung; der Menschensohn ist vom Himmel herabgestiegen (3,13), und er wird erhöht bzw. verherrlicht werden (6,62). (Berger, Theologiegeschichte 667 f.). Hervorzuheben ist diese Aussage: Gott ist Geist; Gott ist Licht und Gott ist Liebe (Kaltenbrunner, Johannes, S. 32). Das alles ist jedoch nicht als gnostisch misszuverstehen.

Das Abschiedsmahl beginnt damit, dass Jesus den Jüngern die Füße wäscht (Joh 13,4-5). Dabei kommt es zu einem Wortwechsel mit Petrus, der sich wiederum als begriffsstutzig erweist: Er möchte auch noch die Hände und das Haupt gewaschen bekommen. Dann kommt die dunkle Ankündigung: „einer von euch wird mich verraten" (13,21). Jetzt folgt ein charakteristischer Zug: Petrus, der gerade zurechtgewiesen worden ist, traut sich nicht, die entscheidende Frage zu stellen, sondern winkt dem Lieblingsjünger: „frage du, wen er meint" (13,24). Dann erst wird Judas als der Verräter identifiziert (13,30). Der geht nun hinaus.

Es folgt die wichtige Aussage: „Ein neues Gebot gebe ich euch, daß ihr einander liebet" (13,34). Mit diesem neuen Gebot tritt Jesus an die Seite des Moses, der das erste Gesetz gebracht hatte. Wiederum wird Petrus negativ dargestellt mit der Voraussage: „der Hahn wird nicht krähen, bis du mich dreimal verleugnet hast" (14,1).

Schließlich wird noch ein neuer Fürsprecher angekündigt: „der Geist der Wahrheit" (14,16), anders benannt: der Paraklet. Er heißt auch „der Heilige Geist", den der Vater „... in meinem Namen senden wird" (14,26).

Zum Schluss wird die Frage erlaubt sein, wo sich das alles abgespielt hat. Die Vermutung dürfte nicht ganz falsch sein, dass dieses Abschiedsmahl im Hause des Lazarus stattfand, und dass er dieses aus Bescheidenheit nicht eigens erwähnt hat; ein weiterer indirekter Hinweis auf den Verfasser dieser Partien des Evangeliums.

Es folgen noch Abschiedsreden, und dann „gieng er hinaus über den Cedern-Wildbach an einen Ort, wo ein Garten war" (18,1). Es kommt der Auftritt der Truppe des Hohepriesters und der hilflose Verteidigungsversuch des impulsiven Petrus: „er hieb ihm das linke Ohr ab, der Knecht aber hieß Malchus" (18,10). Diesen Namen hat nur Johannes.

Jesus wird nun gebunden in den Hof des Hohepriesters geführt, und Petrus verleugnet ihn zum ersten Mal (18,18). Später, als er sich an einem Feuer wärmt, verleugnet er ihn abermals (18,25), wie auch später noch einmal (27). „und alsbald krähte der Hahn."

Bemerkenswert ist wiederum, dass Petrus draußen bleiben muss, während Lazarus offenbar in das Haus des Hohepriesters mitgehen kann; wie sonst hätte er von dem nun folgenden Verhör im Wortlaut berichten können.

Ich übergehe die allseits bekannten Einzelheiten und halte nur das Urteil von Berger fest, wonach Jesus aus politischem Opportunismus geopfert wurde (ThG 715), während Pilatus zunächst unentschlossen scheint und eher Barrabas hingerichtet hätte. (Joh 18,39 f.). Die Juden aber drängen auf die Hinrichtung Jesu: „wenn du diesen losläßt, bist du kein Freund des Kaisers" (19,12).

Es ist schon merkwürdig, mit was für fadenscheinigen Argumenten die Juden auf die Tötung Jesu hinarbeiten; denn es kann ihnen doch im Ernst nicht daran gelegen sein, wie Pilatus beim Kaiser angeschrieben war. Es ist auch falsch, hier von einem Justizmord zu sprechen, denn ein rechtsförmliches Verfahren hat es nicht gegeben. Was sich ereignet hat ist einfach dieses: Die Juden wollen Jesus los sein, der ihnen lästig geworden ist, und sie liefern ihn dem römischen Statthalter ans Messer, der ihn als Aufrührer abtut, wie noch jeder Militärkommandant einer Besatzung gehandelt hätte.

Uns bleibt noch, die Abschlussszene zu betrachten: „Es standen aber bei dem Kreuze Jesus, seine Mutter, und die Schwester seiner Mutter, die Maria des Klopas (von der wir nur an dieser Stelle erfahren) und Maria von Magdala" (19,25). Bezeichnend ist, wer alles nicht dort ist: weder die Jünger, die verschreckt auseinandergelaufen sind, noch die Brüder Jesu. Vielmehr muss sich seine Mutter auf ihre Schwester stützen! Mit dabei bis zuletzt ist aber der Lieblingsjünger, von dem auch der Bericht stammt. So heißt es: „Da nun Jesus seine Mutter sah und den Jünger, den er lieb hatte, sagte er zu der Mutter: Weib, hier ist dein Sohn. Darauf sagte er zu dem Jünger: hier ist deine Mutter. Und von der Stunde an nahm sie der Jünger zu sich" (25-27). Auch hier ist von den Brüdern nicht die Rede.

Es folgt die Grablegung des toten Jesus, und dann dieses: „Am ersten Wochentage aber kommt Maria, die von Magdala, morgens früh, da es noch dunkel war, zu dem Grab, und sieht den Stein vom Grabe weggenommen. Da läuft sie und geht zu Simon Petrus und zu dem anderen Jünger, welchen Jesus lieb hatte, und sagt zu ihnen: Sie haben den Herrn aus dem Grabe genommen ..." (20,1-2). Später heißt es: „Da giengen die Jünger wieder heim. Maria aber stand außen am Grabe weinend. Indem sie so weinte, beugte sie sich vor in das Grab, und schaut zwei Engel (...) Dieselben sagen zu ihr: Weib, was weinst du? Sagt sie zu ihnen: weil sie meinen Herrn weggenommen ... Als sie dies gesagt hatte, kehrte sie um, und schaut Jesus dastehend, und erkannte ihn nicht" (20,10-13).

Schließlich erkennt sie ihn doch und „sagt zu ihm Hebräisch: Rabbuni! das heißt Meister. Sagt Jesus zu ihr: rühre mich nicht an (...) gehe aber zu meinen Brüdern und sage zu ihnen: ich steige auf zu meinem und eurem Vater, meinem und eurem Gott. Maria von Magdala geht und verkündet den Jüngern: ich habe den Herrn gesehen, und daß er ihr dieses gesagt" (18). Festzuhalten ist, dass hier Maria Magdalena zur Übermittlerin einer zentralen Offenbarungsaussage wird. Das berichtete Mysterium selbst müssen wir jedoch unkommentiert lassen, wie auch die verschiedenen Auftritte des Auferstandenen vor den Jüngern.

Am Ende des Evangeliums angelangt, kehren wir noch einmal an den Anfang zurück und versuchen, einiges über den Prolog zu ermitteln. Zunächst ist auch hier die Frage des Verfassers interessant. Ausgehend von der Feststellung Bultmanns, dass es sich dabei um eine selbständige Dichtung handelt, können wir diese wohl mit einiger Wahrscheinlichkeit dem Redaktor oder Kompilator zuschreiben, den die Tradition Johannes den Presbyter nennt. Bei genauerem Hinsehen erhebt sich die Frage, in was für ein Evangelium dieser Vorspruch eigentlich einführt: Da ist mehr von Johannes dem Täufer die Rede als von Jesus. Man könnte also annehmen, dass der Verfasser seinerseits zu den Johannes-Jüngern gehörte und erst später – nach der Ermordung des Johannes – zu Jesus überging, wie vielleicht viele seiner Anhänger. Nun versetze man sich in die Lage des Schriftstellers, der diese gewaltige Dichtung in der Schublade hat. Wohin soll er damit? Es gibt ja noch keine literarischen Zeitschriften und keine Zeitungsfeuilletons.

In späteren Jahren gelangt er in den Besitz zweier Quellenschriften: der Niederschrift des Lazarus und der anpreisenden Schrift über Simon Magus, die vielleicht von Cerinth stammt. Nun hat er das Material beisammen für den ganz großen Wurf, und am Ende steht ein bedeutendes Werk der Weltliteratur.

Wieder stellt sich die Frage: Wo findet der Prolog seinen Platz? In jeder Dichtung gibt es zwei hervorgehobene Stellen, die höchste Aufmerksamkeit auf sich ziehen: Den Anfang und das Ende. Das Ende des Evangeliums bilden Tod und Verklärung Jesu; hier fände der Text keinen guten Platz. Also setzt er ihn selbstbewusst an den Anfang des von ihm redigierten Evangeliums, und er tritt damit neben den ersten Hymnus der Genesis, ohne dass ihm dabei die Hände zittern, und wir, die nachgeborenen Leser, erheben auch keine Einwände.

Zu klären ist aber auch die wichtigere inhaltliche Frage, ob der Prolog im Ganzen gnostisch sei. Das möchte ich, mit allem Respekt vor Bultmann, verneinen. Zunächst: der Gegensatz von Licht und Finsternis ist eine Allerweltsbeobachtung und nicht per se gnostisch. Dann ist aber, und das gilt für das Evangelium als Ganzes, noch zu berücksichtigen, dass zu der Zeit seiner Entstehung das gnostische Vokabular allgemein im Schwange war. Erinnern wir uns: zwischen 1945 und 1950 war jedes Feuilleton erfüllt von der Sprache des Existentialismus.

Zwei Jahrzehnte später war das marxistische Vokabular in aller Munde, und wiederum zwei Jahrzehnte später das ökologische. Dann kam der Feminismus, der aber auch schon seine besten Tage hinter sich hat. Allerdings sind manche seiner Prägungen in den politisch korrekten Sprachgebrauch eingegangen – wenigstens bis auf weiteres; denn beständig in der Abfolge der Moden ist nur der Wandel. Sagen wir also einfach, dass der Text des Johannes-Evangeliums, und gerade auch der Prolog, hier und da vom gnostischen Sprachgebrauch tingiert ist, ohne selbst direkt gnostisch zu sein.

Stichworte zu einem Beweis wären: Gott liebt die Welt, und Jesus heilt viele langjährig Kranke. Die Mühe einer Restitutio in integrum würde er sich – bei vorausgesetzter Leibfeindlichkeit – wohl nicht machen. Auch ist er unbefangen dem Geschlechtlichen gegenüber: Er begnadigt die Ehebrecherin, und er lässt sich die deutlich erotisch gefärbte Zuneigung von Männern und Frauen gefallen.

Damit Schluss mit dem Gerede über ein gnostisches Johannesevangelium; überhaupt muss die ganze Frage der Gnosis im Lichte der neueren Textfunde völlig neu aufgerollt werden.

Noch eine Frage drängt sich hier auf: Zu welchem Zweck ist überhaupt das ganze Werk verfasst? Hier hat Elaine Pagels eine originelle Ansicht, die auf so entzückende Weise falsch ist, dass ich sie wenigstens erwähnen möchte. Sie schreibt, immerhin als Frage formuliert, „ob das Johannesevangelium nicht vielleicht eigens zu dem Zweck geschrieben wurde, das Thomasevangelium zu desavouieren" (Das Geheimnis des fünften Evangeliums. München 2004. S. 63).

Abgesehen davon, dass ich nicht weiß, was desavouieren bedeuten soll, glaube ich einfach nicht, dass jemand ein derart tiefes und vielschichtiges Werk zusammenstellt und herausgibt, um ein anderes, das völlig unanstößige Thomasevangelium, in der Gunst des Publikums herabzusetzen. Das ist eine typische Literatenidee und eine dumme dazu.

Durchaus fragen kann man aber, warum das so gar nicht ketzerische oder gnostische Thomasevangelium so völlig untergegangen ist und nur noch in einem zufällig gefundenen koptischen Text erhalten ist. Dazu gibt Frau Pagels aber eine richtige Antwort, indem sie auf Irenäus von Lyon verweist. Der hatte entscheidenden Anteil an der Zusammenstellung und Abgrenzung des neutestamentlichen Kanons: Er beschloss, den ganzen Wald dieser apokryphen und unechten Schriften umzuhauen und nur vier Säulen stehenzulassen. Das Evangelium, welches die reine Wahrheit enthalte, könne nur auf diesen vier Säulen ruhen: den Matthäus, Markus, Lukas und Johannes zugeschriebenen Evangelien. Warum es „weder mehr noch weniger als diese Evangelien geben kann", erläutert er so: „Da es nämlich in der Welt, in der wir uns befinden, vier

Gegenden und vier Hauptwindrichtungen gibt", benötige die Kirche ihrerseits „naturgemäß auch vier Säulen" (Pagels, a. a. O., S. 115: Irenäus, Adv. haer. 3,11,8). So kann es also in der Welt zugehen: eine folgenschwere Entscheidung für die gesamte Kirche beruht auf einer Zahlensymbolik.

Damit stehen wir am Ende und könnten eigentlich die Akten über dem Johannesevangelium schließen, wenn da nicht noch eine beunruhigende Nachricht wäre, diesmal im Markusevangelium: Auch dieser älteste der Synoptiker kennt die Salbung Jesu vor seiner Passion, aber bei ihm beginnt der Bericht so: „Und da Er in Bethanien war im Hause Simons des Aussätzigen, da er beim Male lag, kam ein Weib, die trug ein Gefäß ... kostbarer Salbe" (Mk 14,8-9).

Wie das? Hatten wir nicht gelernt, dass Jesus in Bethanien immer im Hause der Martha zu Gast war; und nun soll es das Haus „Simons des Aussätzigen" sein? Die Exegeten sind verlegen: Das Haus könne ja irgendwann einmal dem Simon gehört haben ... Nein: Wenn es so bestimmt mit seinem Namen zusammengebracht wird, dann war dieser Simon auch der gegenwärtige Eigentümer.

Sofort entsteht das nächste Problem: wie steht es dann mit seinem Verhältnis zu Martha? Sollen wir ihn als ihren (zumindest zeitweiligen) Ehemann ansehen? Wir wissen es nicht. Die Quellen lassen uns hier im Stich. So viel aber wissen wir (und Detering hat es klar herausgearbeitet), Simon der Aussätzige ist niemand anderer als Simon Magus, den die Apostelgeschichte mit so viel Abscheu verzeichnet.

Es bleibt also dabei: Wenn wir den Text der alten Urkunde schräg gegen das Licht halten, schimmern wie bei einem Palimpsest die Namen des Simon und des Marcion durch.

Wir stehen mit unseren Fragen wieder dort, wo wir am Anfang schon einmal waren. Auch das Gedicht von Brecht schließt mit diesen Fragen, mit denen der lesende Arbeiter das Buch der Geschichte zuklappt:

Jede Seite ein Sieg
Wer kochte den Siegesschmaus?
Alle zehn Jahre ein großer Mann.
Wer bezahlte die Spesen?
So viele Berichte.
So viele Fragen.

Der Römerbrief des Pseudo-Paulus

Bevor wir uns dem Text des Römerbriefs zuwenden, ist zuerst zu klären, mittels welcher Wissenschaft wir uns diesem Werk nähern sollen. Die Antwort scheint festzustehen, weil wir es ja mit einem Text zu tun haben, der für viele Gläubige als ein Teil ihrer heiligen Schrift gilt. Für die Auslegung der Schrift ist seit alters her die Theologie zuständig, also müssten wir mit den Methoden und der Begrifflichkeit dieser Wissenschaft an den Text herangehen. Das scheint zunächst fraglos festzustehen, aber es gibt einen sehr ernstzunehmenden Einwand eines der bedeutendsten Schriftgelehrten des 20. Jahrhunderts: Otto Kuss schreibt zu Beginn seines Werkes über Paulus: „Für den Theologen kann (...) nicht zweifelhaft sein, daß die seiner Zeit zugemessene „Offenbarung", oder besser der für die Glaubenden seiner Zeit ideell verbindliche Status der Offenbarungserkenntnis mit der gültigen Glaubenslehre der gegenwärtigen Kirche grundsätzlich identisch ist ...", und er fügt hinzu: „Theologie" gibt es freilich nur dort, wo an „Offenbarung" und an „Kirche" geglaubt wird" (O. Kuss, „Paulus". 2. Aufl. Regensburg 1976, S. 17).

Wenn ich seine Ausführungen richtig verstanden habe, so meint er also, dass Theologie neben und außerhalb der Kirche nicht möglich ist. Tatsächlich übt die Kirche mit der Pflege der Theologie – wozu auch die Besetzung von Lehrstühlen und die Zensur der fachlichen Veröffentlichungen gehören – ihr ordentliches Lehramt aus. Damit möchte ich nun nicht in Konflikt geraten, wie mir auch jedes Polemisieren gegen die Kirche fernliegt.

Wenn sich also nach Kuss eine theologische Erörterung der Schrift außerhalb der Kirche verbietet, so scheint der Ausweg nahe zu liegen, etwa auf die Religionswissenschaft auszuweichen. Theoretisch wäre das möglich; es wäre aber zu prüfen, ob deren Methoden für unsere Erörterung hilfreich sein können. Kuss scheint das auszuschließen (ebd.), aber ein Blick in ein repräsentatives Werk dieser Disziplin lässt doch Zweifel aufkommen. Wenn man etwa von Mircea Eliade, „Die Religionen und das Heilige. Elemente der Religionsgeschichte", Salzburg 1954, zur Hand nimmt, so scheint sein Vorgehen hauptsächlich darin zu bestehen, dass er die Symbolik der verschiedenen Kulte und Religionen miteinander vergleicht. Dieses Vorgehen scheint durchaus legitim, trägt aber in unserem Falle nicht zum Verständnis des Römerbriefes bei. Dieses Werk steht so singulär innerhalb der Weltliteratur, dass es allenfalls mit den anderen großen Paulusbriefen vergleichbar wäre. Damit bewegen wir uns aber im Kreise und haben nichts für das Verständnis dieses Briefes gewonnen. Ich meine daher, dass wir auch mit den sonst so fruchtbaren und bewährten Methoden der Religionswissenschaft nicht weiterkommen.

Aber das entscheidende Stichwort ist vielleicht schon gefallen: der Römerbrief des Paulus gehört unstreitig zur Weltliteratur, und zwar ganz unabhängig von seinem Lehrinhalt: einfach durch seine universale Wirkung, die wiederum festgestellt werden kann, ohne dass man sich als Gläubiger damit identifiziert. So können wir also einfach diesen Brief als ein verbreitetes und wirkmächtiges Werk der Weltliteratur betrachten, und das, so sei hier wiederholt, unabhängig von einer Glaubensentscheidung. Wenn der Brief dabei zunächst seinen Charakter als einer heiligen Schrift verliert, so gewinnt er möglicherweise an Verständlichkeit. Wir stellen also die üblichen Fragen wie an jedes überlieferte Werk der antiken Literatur und fragen nach Zeugnissen über den Verfasser.

Weil sich in der gesamten Literatur bis zum Ende des 2. Jahrhunderts nirgends eine Erwähnung des Paulus findet, steht für unsere Fragen nur ein einziges Werk zur Verfügung: die Apostelgeschichte. Sie gilt als das zweite Werk des Evangelisten Lukas, allerdings wurde am Anfang des 20. Jahrhunderts von einem englischen Forscher bestritten, dass beide Schriften denselben Verfasser haben. Er bediente sich einer damals neuen Methode, der Wortschalluntersuchung, vgl. Albert Curtis Clark, The Acts of the Apostles, a critical Edition with Introduction and Notes, 1933.

So schreibt Ernst Haenchen, dessen Kommentar ich dieser Darstellung hauptsächlich zugrunde lege (Krit. -exeget. Kommentar über das Neue Testament, Die Apostelgeschichte, 5. durchges. und verbesserte Aufl., Göttingen 1965, S. 35): „Clark hatte durch eine Wortstatistik beweisen wollen, daß Lk und Apg nicht vom selben Verfasser stammen." Diesem Befund mag man zustimmen, wenn es auch sicherlich in der Auffassung viele Berührungspunkte zwischen beiden Texten gibt. Das ist jedoch nicht so bedeutsam, weil wir uns für die Lebensgeschichte des Paulus ohnehin nur auf die Apostelgeschichte berufen. Ihr gilt also zunächst unser ganzes kritisches Interesse. Dabei kann die überlieferte Datierung des Werkes – gegen Ende des 1. Jahrhunderts – erst einmal unbeachtet bleiben. Wichtiger ist die Frage nach der Verlässlichkeit des Verfassers als Zeuge für das Leben und Wirken des Paulus.

Unser Vertrauen in die Kompetenz des Lukas bekommt einen ersten Riss, wenn nach dem Bericht über die Steinigung des Stephanus (Apg 7, 58) erzählt wird, dass Saulus die Verfolgung in die „Städte außerhalb" Jerusalems trug, und so auch nach Damaskus (Haenchen 74 f.) Dem steht entgegen, dass der Hohepriester nicht das Recht hatte, in Damaskus Verfolgungen anzuordnen. Seine Jurisdiktion endete an der Stadtgrenze. Er konnte also auch nicht den Saulus nach Damaskus senden. Die dramatische Geschichte von der Bekehrung des Paulus vor Damaskus erweist sich somit als historisch unmöglich, und die Absicht dieses Berichtes bleibt also kritisch zu untersuchen.

Ein weiterer Höhepunkt der Apostelgeschichte (Apg) ist die Pfingstgeschichte. Lukas wollte eines der wichtigsten Ereignisse nach Jesu Scheiden darstellen, das Kommen des Geistes. Der einzige Bericht darüber findet sich in Joh 20,19: Der Auferstandene hauchte am Osterabend seine Jünger an und ließ sie damit den heiligen Geist empfangen. Lukas datiert das Ereignis in willkürlicher Weise später und erzählt die bekannte dramatische Geschichte, die sich also als eine frei gestaltete Episode erweist (Haenchen 137-139). Daraus muss man ihm noch keinen Vorwurf machen; aber wenn Lukas trotzdem noch als Historiker gelten soll, dann zumindest als ein sehr phantasievoller.

Vielleicht werfen aber andere Einzelzüge neue Fragen nach der Kompetenz des Autors auf. Lukas, der Koine-Griechisch schrieb, konnte kein Aramäisch (Haenchen 143, Anm. 13). Das scheint zunächst belanglos; aber wie soll er ohne die Kenntnis der Sprache Jesu und des frühen Jüngerkreises etwaige ältere Überlieferungen verstehen? Er verstand sie nicht und arbeitete mithin ganz aus seiner eigenen Phantasie. Dazu zwei kleinere Belege am Rande: Er hatte keine Kenntnis des Tempels. Er erzählt von der Heilung eines Gelähmten durch Petrus und versieht sie mit einer Ortsangabe: „bei der Halle Salomons" (Apg 3,11). Damit will er wohl das Lokalkolorit benennen, das seinem Bericht Verlässlichkeit geben soll. Aber genau damit verrät er, dass er von den baulichen Verhältnissen des Tempels keine Ahnung hatte, denn diese Halle lag außerhalb des Nikanortores (vgl. Haenchen 164).

Im 23. Kapitel lässt er Paulus verhaften und in einem Nachtmarsch unter militärischer Bewachung von Jerusalem nach Antipatris bringen. Das sind immerhin 62 Kilometer. Aber damit nicht genug: am nächsten Morgen kehrten die Soldaten in die Kaserne zurück. Also ein Gewaltmarsch von 124 Kilometern; damit waren wohl auch römische Legionäre überfordert. Das Fazit kann nur lauten, dass der Verfasser der Apostelgeschichte von der Geographie Palästinas keine Ahnung hatte (Haenchen 572-576).

Neben diesen Nachweisen, dass Lukas kein Augenzeuge der von ihm berichteten Vorgänge ist und offenbar auch keine sonderlich verlässlichen Quellen benutzen konnte, bleibt der Haupteinwand gegen die naiv vorausgesetzten Kenntnisse, dass er an keiner Stelle eine Ahnung von den paulinischen Briefen hat. Paulus wird von der Kirche als einer ihrer wichtigsten Lehrer angesehen, und das aufgrund seiner Briefe. Was ist nun vom Verfasser der Apostelgeschichte zu halten, der an keiner Stelle eine Kenntnis von diesen Dokumenten verrät, ja nicht einmal erwähnt, dass der Hauptheld seiner Geschichte der apostolischen Zeit an verschiedene Gemeinden Lehrschreiben gesandt hat? Allein aufgrund dieser Texte genießt er ein bleibendes Andenken in der Geschichte, wenn sich auch die Erinnerung an die von ihm gegründeten Gemeinden schon eine Generation später in Rauch aufgelöst hat. Ebenso wenig haben sich Spuren der Erinnerung an die so zahlreich genannten Schüler und Gefolgsleute erhalten. Außerhalb der paulinischen Briefe existieren sie nicht in der Geschichte der alten Kirche. Haben sie überhaupt existiert?

Ernst Haenchen (1894-1970), der viele Jahrzehnte seines Lebens der Erforschung der Apostelgeschichte gewidmet hat, kommt zu dem Urteil, dass Lukas als „frühchristlicher Erbauungsschriftsteller" anzusehen ist. Diesem äußerst milden und wohlwollenden Urteil kann man sich anschließen. Nicht verschwiegen sei, dass es auch noch andere Urteile über den „Historiker" Lukas gibt: „U. Ranke-Heinemann hat das, was uns die Apostelgeschichte über das Wirken des Paulus und seines Kollegen Petrus berichtet, unter die Überschrift „Die Märchen der Apostelgeschichte" gestellt (H. Detering, Der gefälschte Paulus. Düsseldorf 1995, S. 160).

Andererseits bietet auch die Nichtexistenz des Paulus durchaus Vorteile, denn einen Tierkampf wie in Ephesus hätte er schwerlich überstanden. Allerdings hätte Paulus als römischer Staatsbürger nicht zum Tierkampf in der Arena (ad bestias) verurteilt werden dürfen (vgl. Detering, 165).

Im Folgenden sollen einzelne Textstellen aus dem Römerbrief vorgestellt werden. Vielleicht wird man dabei die theologischen Hauptlehren vermissen; ich hatte schon betont, dass ich mich aus den dogmatischen Streitfragen heraushalten möchte, abgesehen davon, dass ich etwa die Kontroversen über die sog. Rechtfertigung für einen ausgemachten Unfug halte.

Schon der erste Satz des Römerbriefes, über den man leicht hinweglesen kann, bietet Anlass zu einer kritischen Betrachtung. Er lautet in der Übersetzung von Peter Stuhlmacher (NTD Bd. 6, 15. Aufl. Göttingen 1998, S. 20): „Paulus, Knecht Christi Jesu, berufener Apostel, ausgesondert für das Evangelium Gottes ..." Hier müsste man eigentlich schon bei der Selbstbezeichnung „berufener Apostel" stutzig werden, denn, wie man sich erinnern wird, gehörte er nicht zum Kreis der „Zwölf", also der tatsächlich noch von Jesus von Nazareth berufenen Apostel.

Wie kommt es nun zu der im Römerbrief gebrauchten Titulatur? Stellt sie nicht eine Anmaßung dar? In der Tat muss die Bezeichnung Apostel für den Verfasser des Briefes höchst problematisch gewesen sein. Er beginnt darum ein sehr aufwändiges Manöver, um den Paulus der Briefe nicht nur in die Geschichte einzuführen, sondern ihn auch mit der nötigen Autorität auszustatten. Eben deshalb lässt er die Apostelgeschichte von einem willigen Helfer („Lukas") verfassen, die darum auch „Geschichte" heißen muss und nicht etwa „Legende"; was ehrlicher wäre. Aber nicht genug damit, dass er ihn in den Kreis der Apostel einschmuggelt: er verleiht ihm auch einen Sonderstatus: Paulus, der Jesus zu dessen Lebzeiten nach eigener Aussage nicht gekannt hat, wird von ihm durch eine dramatische Vision und Audition vor den Toren der Stadt Damaskus zum Apostel berufen und erhält so einen besonderen Ritterschlag. Wer will sich nun noch erkühnen, einen dergestalt herausgehobenen Verkünder zu leugnen, zu kritisieren oder auch nur zu übergehen?

Wie umsichtig der Verfasser vorgegangen ist, kann man auch aus dem Umstand entnehmen, dass diese Bekehrungs- und Berufungsgeschichte innerhalb der Apostelgeschichte gleich dreimal – mit geringfügigen Varianten – erzählt wird: Apg 9,3-9; 22,6-11; 26,12-18. Ist das nun ein Versehen oder lässt es auf einen gealterten Verfasser schließen – denn „Wiederholungen gehören zum Altersstil" (Ernst Jünger). Ich meine, durchaus nicht. Es handelt sich vielmehr um Magie. Wie allen Kennern von Märchen geläufig ist, spielt die Zahl Drei bei allen Beschwörungen eine herausragende Rolle. Wenn ich das, wie in Deutschland üblich, mit einem Goethezitat belegen soll, so bietet sich dafür der Anfang der Szene „Studierzimmer" in Faust I an. Faust: „Es klopft? Herein! Wer will mich hier plagen?" Meph. „Ich bins" Faust: „Herein." Meph. : „Du mußt es dreimal sagen" Faust „Herein denn!" (Faust I, Z. 1530-1534).

Ist es zu viel behauptet, dass Lukas seine Leser mit solcher magischen Operation manipulieren will?

Das nächste Zitat, das ich besprechen möchte, führt ins Zentrum der theologischen Auseinandersetzung seit dem Zeitalter der Reformation. Auch hier will ich nicht so sehr auf das theologische Problem eingehen, sondern auf den – wie mir scheint – fragwürdigen Umgang mit einem alttestamentlichen Satz, der im Römerbrief angeführt wird, und der in der Geschichte der Theologie dann eine große Karriere gemacht hat. Es handelt sich um Röm 1,17, in dem ein Kernsatz aus dem Propheten Habakuk zugrunde gelegt wird. Um die sehr komplexe Problematik verständlich zu machen, muss das Referat weit ausholen. Hier zuerst die Habakuk-Stelle, so wie sie ein neuerer Kommentator des Römerbriefs wiedergibt: „Der aus Glauben Gerechte aber wird leben" (Stuhlmacher, NTD 6, S. 27). Was hat es mit diesem Text auf sich, und wofür wird er in Anspruch genommen? Ich will historisch vorgehen und zunächst den Habakuk-Satz erläutern. Das allein führt schon sehr weit weg von dem späteren Gebrauch, den die Theologie – und wie so oft in polemischer Absicht – von ihm macht. Es geht in der späteren Theologie um den Gegensatz von Glaube und Werken, und das Ziel ist dann der urprotestantische Grundsatz „sola fide." d. h. die Rechtfertigung (auch so ein problematischer Begriff!) geschieht aus dem Glauben (des Menschen, wie sich versteht) und nicht aus seinem tätigen Bemühen um die Erfüllung des Gesetzes durch Werke, und dafür einen alttestamentlichen Beleg gefunden zu haben, macht die besondere Bedeutung des Römerbriefs für Luther und die ganze sich auf ihn berufende Theologie aus.

Aber was steht wirklich bei Habakuk? Um diesen einen Satz wirklich aus seinem historischen Kontext verstehen zu können, ist kurz die geschichtliche Lage Israels in den Tagen dieses nur an Umfang „kleinen Propheten" zu erinnern. Israel befand sich immer eingeklemmt zwischen den Machtblöcken Ägypten und dem Zweistromland. In der Zeit, als das Buch Habakuk entstanden ist, gab es wieder einmal eine tödliche Bedrohung, die Jahwe selbst so ankündigt: „... ich lasse die Kaldäer erstehen, das grimmige Volk voll

Ungestüm, das die Weiten der Erde durchzieht... Schrecklich ist es und furchtbar, Gerichte gehen aus von ihm" (Hab 1,6 f.).

In dieser tödlichen Gefahr, der natürlich das Volk Israels militärisch nichts entgegensetzen konnte, fragt es klagend: „warum schaust du zu?" (Hab 1,11). Um nun die Verzweiflung nicht noch weiter anwachsen zu lassen, lässt Jahwe durch seinen Propheten ein tröstendes Wort ergehen: „Wer unschuldig ist, bleibt durch seine Treue am Leben" (Hab 2,4). Diese Übersetzung durch Hamp/Stenzel – zur Abwechslung einmal eine katholische – ist nicht einmal halb richtig, und sie ist auch gar nicht verständlich. Ich gebe deshalb eine eigene, die sich aber genau an den Text hält. Es muss heißen „der Gerechte wird durch meine Bündnistreue überleben."

Der Gerechte ist hier nicht eine einzelne Person, sondern ein Kollektiv, nämlich das Volk Israel. Zu beachten ist ferner, dass sich Jahwe und das Volk Israel nicht wie zwei getrennte Subjekte gegenüberstehen, sondern dass beide seit alters her durch den Bund (berith) verbunden sind. Auf diese alles entscheidende Tatsache weist also der Prophet hin, und er fügt die rettende Ursache gleich hinzu: das Überleben des Volkes Israel verdankt sich „meiner Bündnistreue."

Handelndes Subjekt ist also Jahwe selbst als Herr der Geschichte, und nicht der Mensch durch die Leistung seines Glaubens. Der alles entscheidende Satz lautet in der griechischen Fassung der Septuaginta, die dem Römerbriefverfasser allein vorlag, und, wie wir hinzufügen können, auch ihm allein verständlich war: „ho de dikaios ek pisteos mou zäsetai." Man beachte dabei das unscheinbare Wörtchen „mou"= mein, das die späteren Ausleger großzügig übergangen haben, weil es nicht in ihren Kram passte! Im Urtext heißt es, auch das sei zur Kontrolle mit angegeben: „wezaddik bemunatho jehje." Das Grundwort des Prophetenspruchs lautet hier „emuna", das ist Treue; und auch dieses Wort ist mit einem Suffix versehen, das die Zuordnung eindeutig regelt.

Wie kommt es zu der Verwirrung der doch so klaren Textlage in immer undeutlicheren Übersetzungen? Es liegt an der falschen Ausgangsposition, an dem schon feststehenden Ergebnis: Eine Schriftstelle wird auf ein bereits feststehendes Prinzip hin ausgelegt, und alles, was dem einigermaßen nahekommt, wird angeführt, während unbequeme Textteile einfach ignoriert werden, wie das Beispiel des einfach unberücksichtigten „mou" gezeigt hat.

Wie steht es also um das sonst so hochgehaltene Schriftprinzip? Ist das noch eine verantwortbare Exegese? Mir scheint, dass der Umgang mit der Schrift hier eher fundamentalistisch genannt werden muss. Es wird etwas, und noch dazu ungenau und völlig gegen den historischen Kontext zitiert, was vom Wortlaut her dem angestrebten Ergebnis dienlich ist.

Aber es geht auch anders, und ein herausragendes Beispiel aus der protestantischen Exegese zeigt genau das vom Urtext her begründete Resultat: Karl Barth übersetzt in seinem großen Römerbriefkommentar die fragliche Habakuk-Stelle: „Der Gerechte wird leben aus meiner Treue" (K. Barth, Römerbrief, 2. Fassung S. 10).

Damit komme ich zu einer Passage im Anfang des Römerbriefes, die zumindest kurios genannt werden kann. Noch im 1. Kapitel gibt der Verfasser eine Kostprobe seiner moraltheologischen Ansichten, die mindestens ein Kopfschütteln auslösen. Ich zitiere zunächst einen längeren Abschnitt: „Offenbart wird nämlich Gottes Zorn vom Himmel her über alle Gottlosigkeit und Ungerechtigkeit von Menschen (...) (sie) haben die Herrlichkeit des unvergänglichen Gottes vertauscht mit einem Abbild der Gestalt eines vergänglichen Menschen und von Vögeln und Vierfüßlern und Schlangen. Deshalb hat Gott sie preisgegeben an die Unreinheit der Schändung ihrer Leiber durch sie selbst... Deswegen hat Gott sie preisgegeben an Leidenschaften der Schande. Ihre Frauen haben nämlich den natürlichen (Geschlechts-)Verkehr in den widernatürlichen verkehrt; ebenso haben auch die Männer den natürlichen (Geschlechts-)Verkehr mit der Frau verlassen und sind entbrannt in gegenseitiger Begierde, Männer mit Männern treiben sie die Schamlosigkeit und empfangen den Lohn, der ihrer Verirrung gebührt, an sich selbst." (Röm 1,18-27, übers. Stuhlmacher. NTD 6,34).

Es folgt dann noch eine Aufzählung weiterer Laster und Sünden, aber es ist doch bemerkenswert, dass die geschlechtlichen Verirrungen an erster Stelle stehen, und unter diesen wieder die lesbischen Beziehungen.

Damit steht der Römerbriefverfasser ganz allein da in der gesamten Bibel. Er steht auch im Gegensatz zu 1 Samuel (1 Kg), wo ohne erkennbare Verurteilung die erotisch bestimmte Freundschaft zwischen David und Saul erwähnt wird (1 Sam 18,1-3). Von Liebesbeziehungen von Frauen untereinander ist aber hier wie sonst in der Schrift an keiner Stelle die Rede. Mit der Verurteilung der gleichgeschlechtlichen Liebe unter Frauen steht die zitierte Stelle im Römerbrief einzig da.

Könnte man diese Stelle auch noch als einmaligen Ausrutscher ansehen, so zeigt sich doch auch an einer späteren Textstelle, wie stark das Denken des Verfassers von der Abwehr alles Geschlechtlichen bestimmt ist: „Wie am Tage laßt uns wohlanständig wandeln, nicht in Eß- und Trinkgelagen, nicht in Bordellbesuchen und Orgien, nicht in Streit und Zorneseifer" (Röm 13,13 f.).

Hier hat er seine Prüderie in allgemein gehaltene Ermahnungen eingewickelt, wohl ahnend, welche Widerstände er sonst hervorruft. Nun könnte uns ja diese Marotte des Römerbriefverfassers einigermaßen gleichgültig sein, wenn nicht seine Schrift als ein Hauptwerk des Neuen Testamentes mit zum Fundament der christlichen Sittenlehre geworden wäre und bis zur Gegenwart das Leben zahlloser Christen belastete. Allein aus diesem Grund musste ein solcher Text gebührend hervorgehoben werden.

Es gibt noch eine zentrale Briefstelle, die es ausführlich zu zitieren lohnt. Im 13. Kapitel teilt uns der Verfasser seine politischen Ansichten mit, und die haben sich mindestens so schädlich ausgewirkt wie seine geschlechtlichen Idiosynkrasien. Es heißt da:

Jedermann soll sich den übergeordneten Gewalten fügen. Denn es gibt keine Gewalt außer von Gott; die bestehenden aber sind von Gott angeordnet. Daher (gilt): Wer sich der Gewalt widersetzt, leistet Widerstand gegen die Anordnung Gottes; die aber, die Widerstand leisten, werden sich selbst das Gerichtsurteil (Gottes) zuziehen. Denn die Herrschenden sind nicht (Grund zur) Furcht für das gute Werk, sondern für das böse. Willst du die Gewalt nicht fürchten (müssen)? Dann tue das Gute und du wirst Belobigung von ihr erfahren. Denn sie ist Gottes Dienerin für dich zum Guten. Wenn du aber Böses tust, fürchte dich! Nicht umsonst trägt sie das Schwert. Denn sie ist Gottes Dienerin (auch) als Rächerin zum Zorngericht für den, der das Böse tut. Deshalb ist es unabdingbar, sich zu fügen, nicht nur wegen des Zorngerichts, sondern auch wegen des Gewissens. Deshalb entrichtet ihr ja auch Steuern. Denn Gottes Bedienstete sind diejenigen, die sich damit auf Dauer befassen. Gebt jedem, was ihr schuldig seid: Dem, (dem ihr) die Steuer (schuldet), die Steuer; dem (dem ihr) den Zoll (schuldet), den Zoll; dem (dem ihr) die Furcht (schuldet), die Furcht; dem, (dem ihr) die Ehre (schuldet), die Ehre (Röm 13,1-7).

Nun, gehorsamere Untertanen kann sich kein Herrscher wünschen als derart indoktrinierte Christen. Aber im Ernst: was sich wiederum nur wie eine harmlose Marotte ausnimmt, hat sich in der jüngeren deutschen Geschichte ganz verheerend ausgewirkt. Ein Beispiel: die Angehörigen des Kreisauer Kreises waren allesamt gute protestantische Christen. Bevor sie auch nur konkretere Formen des Widerstandes erörtern konnten, haben sie diesen Bibeltext um- und umgewälzt, und sie haben damit wertvolle Jahre verloren, in denen vielleicht noch ein tatkräftiges Eingreifen möglich gewesen wäre. Es ist nicht zu viel behauptet, wenn man die Meinung vertritt, dass dieser Paulustext dem deutschen Widerstand das Rückgrat gebrochen hat. Als sie sich dann endlich zu Taten aufraffen wollten, war der richtige Zeitpunkt verpasst. Der Graf Stauffenberg kann sich bei Paulus bedanken.

Damit genug mit der Lektüre und Besprechung von ausgewählten Textstellen, und es wird Zeit für einen beherzten kritischen Zugriff. Jetzt soll endlich die Frage nach dem Urheber dieser Textklitterungen erörtert werden. Ich kann die Antwort nur verkürzt geben und muss die Einzelnachweise schuldig bleiben. Im Anschluss an die Radikalkritik von Hermann Detering bleibt nur ein Name als Urheber sowohl der Paulusschriften wie der Apostelgeschichte übrig: Marcion. Für die nähere Begründung verweise ich auf das grundlegende Werk von Detering: „Der gefälschte Paulus. Das Urchristentum im Zwielicht." Düsseldorf (Patmos) 1995. Alle stichhaltige Erkenntnis über die Frühzeit der Kirche und besonders über Paulus, den ich darum jetzt konsequent den Pseudo-Paulus nenne, habe ich aus der wiederholten Lektüre des grundgelehrten Werkes von Detering gelernt und immer wieder bestätigt gefunden. Ihm muss ich daher an dieser Stelle meinen Dank abstatten.

Weil nun überraschenderweise Marcion ins Zentrum unserer Überlegungen gerückt ist, ist es nötig, über diese unbekannteste Gestalt der alten Kirche ein paar Angaben zu machen. Diese sind weitgehend unsicher, aber auch nicht rein spekulativ. Danach soll Marcion aus Sinope an der türkischen Schwarzmeerküste stammen, und sein Vater soll dort Bischof gewesen sein. Der soll ihn jedoch aus dem Haus geworfen haben, weil er Ketzereien vertreten bzw. eine Jungfrau verführt haben soll. Mindestens eine dieser Begründungen hört sich stark nach Klatsch an. Der Vater hat ihn also fortgeschickt, und er hat darauf eine außerordentliche Tüchtigkeit entfaltet. Er wurde Reeder und hat ein großes Vermögen erworben; mein Argwohn geht dahin, dass er auch am Sklavenhandel verdient haben mag. Er wollte jedoch kein Geschäftsmann bleiben, sondern hatte einen Hang zum Höheren. Also machte er seine Unternehmungen zu Geld und begab sich mit einem großen Barvermögen in die Hauptstadt der damaligen Welt, also nach Rom.

Hier nahm er seine Geschäftätigkeit nicht wieder auf, sondern entwickelte einen Ehrgeiz ganz anderer Art: Er zeigte ein lebhaftes Interesse an der Kirche. Er spendete deren Oberen den ungeheuren Betrag von 200 000 Sesterzen, die zunächst dankbar angenommen wurden. Die Kirche hatte ja immer einen großen Geldbedarf, damals noch nicht wegen des Wohllebens der Päpste, sondern infolge ihrer ausgedehnten Liebestätigkeit, d. h. sie versorgte eine große Zahl von Witwen und Waisen.

Aber bald wurden die Oberen der römischen Kirche misstrauisch, und zwar entweder wegen der Ketzereien des Marcion oder wegen seiner Absicht, die Kirche regelrecht in die Tasche zu stecken; man nennt so etwas heute eine feindliche Übernahme. Die Oberen erstatteten dem Marcion seine Millionenspende umgehend zurück, und sie warfen ihn feierlich hinaus. Diese erste innerhalb der katholischen Kirche ausgesprochene Exkommunikation geschah im Juli des Jahres 144. Das ist das einzige verbürgte Datum der frühen Kirchengeschichte, d. h. der ersten zwei Jahrhunderte.

Marcion resignierte keineswegs, sondern gründete seine eigene Gegenkirche, die sich im Laufe der folgenden drei bis vier Jahrhunderte zu einer ernsthaften Bedrohung für die Katholische Kirche auswuchs.

Nun war Marcion gewissermaßen sein eigener Papst und konnte ungehemmt seine Lehre verbreiten. Wie es scheint, hat Marcion eine Anregung des Gnostikers Kerdon aufgenommen: „Der von Moses und Propheten verkündete Gott (ist) nicht der Vater Jesu Christi: der eine erkennbar, der andere unerkennbar, der eine gerecht, der andere gut" (Hans Jonas, „Gnosis und spätantiker Geist." Bd. I. 3. verbess. Aufl. Göttingen 1964, S. 358).

Und in einer alten Polemik heißt es: „Die Nase rümpfend richten sich die unverschämten Marcioniten darauf, die Werke des Schöpfers niederzureißen... ein großartiges und Gottes würdiges Werk ist die Welt" (adv. Marc. I,13; vgl. Jonas S. 155 f.) Soweit die ironische Charakterisierung des alttestamentlichen Schöpfergottes, „dem grausamen und gerechten Gott des AT, der die Welt unvollkommen geschaffen hat, stellt M. den bisher fremden, sich in Christus aber offenbarenden Gott, der alle Menschen, die ihm glauben, erlöst, gegenüber" (Der Kleine Pauly, 3. Bd. Stuttgart 1969, Sp. 1039).

Eine solche Zweigötterlehre war natürlich für die Kirche untragbar. Es scheint, dass Marcion diese Ketzerei nur etwas abgemildert in seinen Briefen gelehrt hat, etwas verschleiert hinter dem Gegensatz von „Gesetz" und „Evangelium." Auch seine rigorose Morallehre taucht nur in Ansätzen im Römerbrief auf, so in den angeführten Passagen.

Eigentlich vertrat er nämlich geschlechtliche Enthaltung und Nahrungsaskese. Er wollte sogar den Eheleuten den ehelichen Verkehr untersagen. Damit hatte er offenbar weniger Erfolg. Die Hauptlehre bleibt jedoch, Christus habe uns von der Welt und von ihrem Gott erlöst. So heißt es bei Gal 3,13: „Christus hat uns erkauft..." Der Kaufpreis war Christi Blut, das nicht auf Vergebung der Sünden bezogen, sondern als Ablösung des Eigentumsrechts des Weltschöpfers betrachtet wird (Jonas 173, Anm. 1).

Die Ablösung von der Welt und ihrem vermeintlich stümperhaften oder sogar bösen Schöpfer findet ihren Ausdruck in einer Enthaltung vom Kosmos in Genuss und Handeln. Das Verbot der Ehe und des Geschlechtsverkehrs zielt damit auf eine Feindschaft gegen den Weltschöpfer, gewissermaßen als Aufkündigung eines Verhältnisses (Jonas 204). Man sieht, die Exkommunikation des Marcion war keineswegs willkürlich und übertrieben. Sie war nur leider unvollständig: Man hätte ihm seine von ihm „aufgefundenen" Paulusbriefe hinterherwerfen sollen.

Zu dieser Radikalität hat sich aber die Kirche nicht entschließen können, und, genau genommen, verdankte sie diesem Erzketzer eine ganze Menge, nämlich nicht mehr und nicht weniger als ihre Heilige Schrift: das Neue Testament. Marcion hatte nämlich in seinem Bemühen – entweder die Kirche umzugestalten oder eine eigene zu gründen – sehr planmäßig gehandelt. Er hatte zunächst in dem von ihm erfundenen Galaterbrief einen Versuchsballon gestartet. Als dieser beifällig aufgenommen wurde, hat er weitere Briefe, darunter an erster Stelle den Römerbrief, teils selbst verfasst oder von Schülern schreiben lassen. Aber noch ein Umstand zeigt, wie planmäßig und überlegt dieser Kirchenunternehmer vorgegangen ist: Er hat von Lukas, dem Verfasser des einzigen von ihm anerkannten Evangeliums, eine Apostelgeschichte schreiben lassen. Sie dient einzig dem Zweck, den von ihm erdichteten Paulus in den Kreis der übrigen Apostel einzugliedern und vor allem seine Autorität durch die Berufungsvision zu untermauern.

Mit dem Römerbrief wird er auch noch zum Begründer der protestantischen Hauptlehre „sola fide"; kein Wunder also, dass Luther diese

Schrift besonders geschätzt und den Jakobusbrief verworfen hat, denn der hebt daneben auch die Bedeutung der „Werke" hervor. Zugleich begründet er die ebenfalls protestantisch so beliebte Nähe von „Thron und Altar", besonders im Wilhelminischen Zeitalter, wie der angeführte Hymnus auf die staatliche Gewalt gezeigt hat. (Dieser gibt nebenbei einen starken Hinweis auf die Spätdatierung des Briefes: nicht zur Zeit des Nero, sondern nach der Reihe der sog. „guten Kaiser": Trajan 98-117, Hadrian 117-138, Antonius Pius 138-161 und Marc Aurel 161-180, ist eine solche positive Sicht auf den Staat vorstellbar.)

Vermutungen zum Hebräerbrief

Was war vor dem Urknall? Die Physiker belehren uns, dass man so nicht fragen kann: bei dieser Singularität sind Materie, Energie, Raum, Zeit und Bewegung zugleich entstanden. Wenn es noch keine Zeit gibt, kann man auch nicht nach einem Vorher fragen.

Was war vor der Kirche? Moses und die Propheten. Von einem Gebilde namens Kirche, wie wir es kennen, kann man erst seit der Wende vom 3. zum 4. Jahrhundert sprechen. Dazu gehört insbesondere ein Kern: eine Hierarchie, eine Dogmatik und ein Kanon der Heiligen Schrift.

Der Hebräerbrief gehört zu den frühesten Zeugnissen des Neuen Testamentes, wenn er nicht sogar das früheste ist. Es gibt ein Datum: im Jahre 95 entsteht der erste Clemensbrief, der in mindestens einem Kapitel auf den Hebräerbrief anspielt. Das ergibt ein Datum für die späteste Entstehung. Andererseits wird das so einschneidende Ereignis der Zerstörung des Zweiten Tempels im Jahre 70 nicht erwähnt.

Darf man daraus schließen, dass der Hebräerbrief vor diesem Jahre entstanden ist? Der Schluss ist unsicher, weil der Verfasser ganz offensichtlich am Tempeldienst kein Interesse hat. Aber soll er deshalb die Zerstörung des Tempels ignorieren? Das ist nicht sehr wahrscheinlich. Also ergibt sich eine Datierung vor 96, vielleicht sogar vor 70.

Was ist der Gegenstand des Werkes: der einzige Gegenstand ist Jesus Christus. Hier ist es nötig, zuerst auf den Namen ausführlich einzugehen. Es handelt sich nicht um einen der üblichen Doppelnamen: also Franz-Joseph oder Eva-Maria, es ist auch kein Name mit einem Beinamen, wie Karl der Große oder Wilhelm der Eroberer, von denen es so viele gibt; sondern die bloße Nennung des Namen Jesus Christus stellt bereits ein Glaubensbekenntnis dar: Dass Jesus Christus ein Satzname ist, wird nicht auf den ersten Blick erkenntlich, weil die Copula fehlt, das Wörtchen „ist." Wir müssen also zuerst das Verb einfügen und können dann verdeutlichen: „Unser Jesus ist der Messias."

Zum Verständnis des Folgenden ist zu beachten, dass jede theologische Aussage polemisch ist. Sie wird erst verständlich, wenn man weiß, wogegen sie sich wendet.

Es besteht im ganzen Spätjudentum die heftige Erwartung des Messias, zumeist verstanden als der siegreiche König, der die tyrannische Besatzungsherrschaft der Römer beendet und das Reich des Friedens errichtet. Man müsste deshalb erläuternd übersetzen: unser Jesus ist der Messias. (Jesus ist ein Dutzendname und bedeutet „Jahve hilft." Messiasprätendenten gab es viele.) Der ganze Streit geht also zwischen zwei Fraktionen der Messiasgläubigen: die einen sagen: „Der Messias wird kommen" und die anderen sagen: „Der Messias ist schon gekommen."

Das theologische Problem ist also, sein Scheitern zu erklären, das sich in zweifacher Hinsicht darstellt: Jesus hat keine politische Bedeutung erlangt, und er ist den schimpflichen Kreuzestod gestorben. Hier setzt die Deutung des Hebräerbriefs ein. Die besondere Stellung Jesu wird dargestellt unter Berufung auf Psalmstellen: Ps. 2,7 „Du bist mein Sohn, heute habe ich Dich gezeugt", und Ps. 110,4 „Du bist ein Priester von Ewigkeit und nach der Ordnung des Melchisedek."

Was macht die Kirche aus? 1. Hierarchie, 2. Sakramente, 3. Abendmahl, 4. Theologie, die eine Tradition begründet. Man muss wohl den Gedanken zulassen, dass diese vier Grundpfeiler auch, und zwar in beliebiger Reihenfolge, nacheinander errichtet werden können.

Im Hebräerbrief beginnt es mit einer subtil ausgearbeiteten Christologie: worauf überraschenderweise nichts folgt; weder erhält der Verfasser ein Amt, noch geht das kirchliche Leben über die allabendliche Geselligkeit hinaus.

Im Mittelpunkt dieser Zusammenkünfte steht nun nicht ein Priester, denn den Unterschied zu den Laien gibt es noch nicht, sondern die jeweilige Gastgeberin. So entspinnt sich in lockerer Form ein Austausch von Erinnerungsbruchstücken und der Versuch, sich das rätselhafte Geschehen um den erinnerten Jesus von Nazareth verständlich zu machen. Hier liegt also der Keim zu der späteren Entwicklung der Kirche, bevor es sie als Institution gibt.

Hier ist eine Zwischenbemerkung nötig. Der Text, den wir im neuen Testament unter dem Namen Hebräerbrief lesen, ist weder ein Brief, denn ein solcher hat an Umfang ein bis zwei Papyrusblätter nicht überschritten, und alles, was an einen Brief erinnert, könnte ein späterer Zusatz sein, noch hat er etwas mit den Hebräern zu tun. Mit einer Einschränkung allerdings, der Verfasser ist selbst ein Hebräer.

Was lässt sich nun über den Verfasser ausmachen? Genau genommen gar nichts. Weder wissen wir etwas von seiner Stellung in der Gemeinde, noch gibt es irgendeinen Anhaltspunkt über sein Leben. Das einzig sichere Datum können wir nur aus der Tatsache entnehmen, dass der erste Clemensbrief diesen Text ausgiebig benutzt. Der erste Clemensbrief ist um das Jahr 95 entstanden. Mehr haben wir nicht in der Hand. Wir können dem Verfasser allenfalls eine Konjekturalbiographie erstellen, um einen Ausdruck von Jean Paul aufzugreifen.

Dieser hat im Jahre 1798 ein Werk verfasst, das unter dem Titel „Jean Paul's Briefe und bevorstehender Lebenslauf" im Jahre 1799 bei Wilhelm Heinsius, Gera und Leipzig, erschienen ist. Jean Paul schreibt: „Als ein Doppeltgänger hab' ich in der Konjektural-Biographie mich selber gesehen und gemalt, und, wie Moses im Pentateuch, sogar meinen Tod: letzterer bleibt mir in jedem Fall gewiß..." (Jean Paul's sämmtliche Werke, Bd. 13, Berlin (Reimer) 1841, S. 197).

Jean Paul hat also zu einem recht frühen Zeitpunkt, nämlich mit 32 Jahren, sein Leben entworfen und im Voraus bis zu seinem Ende in mehreren Briefen erzählt.

Was nun den Hebräerbrief angeht, so müssen wir den entgegengesetzten Weg beschreiten und den Versuch wagen, von dem einzig feststehenden Datum aus, nämlich dem Jahre, in dem sein Werk ausgiebig zitiert wird, zeitlich zurückgehend sein Leben zu rekonstruieren. Hier ist alles hypothetisch, aber, wie ich hoffe, nicht ohne Plausibilität.

Gehen wir also vom Jahre 95 aus, so können wir als Erstes annehmen, dass dieses umfangreiche Werk in mehreren Jahren davor entstanden ist. Der Autor erweist sich als außerordentlich belesen in der Heiligen Schrift, die er in der griechischen Übersetzung, der Septuaginta, studiert hat. Außerdem erweist er sich als ein sehr gebildeter Mann, der, und das ist bezeichnend, das beste Griechisch im ganzen Neuen Testament schreibt. Welche Folgerung ist daraus abzuleiten? Ohne zu viel zu behaupten, kann man wohl sagen, dass der Autor schon im fortgeschrittenen Alter zur Feder gegriffen hat. Wagen wir also die folgende Datierung: der Autor hat sein Werk um das Jahr 90 verfasst und war zu diesem Zeitpunkt um die 50 Jahre alt. Damit würde seine Geburt in das Jahr 40 fallen.

Das ist eine wichtige Feststellung, denn daraus ergibt sich, dass die dramatischen Ereignisse um das öffentliche Auftreten des Jesus von Nazareth und sein Kreuzestod 10 Jahre vor seiner Geburt stattgefunden haben. Der Hebräerbriefverfasser ist also in keinem Fall ein unmittelbarer Zeuge dieser Ereignisse, die er nur durch mündlichen Bericht kennengelernt hat, der seinerseits schon erste Versuche der Interpretation enthält. Der Abstand des Hebräerbriefverfassers ist aber nicht nur zeitlich, sondern auch räumlich. Das bedeutet, dass er keinesfalls am Ort des Geschehens aufgewachsen ist, sondern mit gehörigem geografischen Abstand, also beispielsweise in Alexandrien, was auch seine sprachliche Gewandtheit und hohe Bildung verständlich macht.

Aus seinem Werk können wir weiterhin entnehmen, dass er von dem jüdischen Aufstand, der im Jahre 70 zusammengebrochen ist und mit der Zerstörung des Tempels endete, keine unmittelbare Anschauung hat. Dieses Ereignis fällt schon in seine erwachsenen Jahre, und es ist doch sehr auffällig, dass sich von all dem kein Echo in seinem Werk vernehmen lässt. Man kann sogar noch einen Schritt weitergehen und sagen, dass ihn diese, doch immerhin für das jüdische Volk einschneidenden Ereignisse gleichgültig gelassen haben. Jedenfalls nennt er an einer herausragenden Stelle die Opfer im Tempel nutzlos. Sie stehen damit im Gegensatz zu dem allein heilsentscheidenden Opfer Christi, das im Zentrum seiner theologischen Lehre steht.

Was können wir nun über das Motiv seines Schreibens sagen? Da ist zuerst ein seelsorgliches Motiv. Der Autor ermahnt seine Leser, doch nicht von der Beständigkeit, die Versammlungen zu besuchen, abzulassen. Er hat es also mit Angehörigen der zweiten oder sogar dritten Generation von Jesusanhängern zu tun, deren Eifer schon merklich nachgelassen hat. Neben diesem vordergründigen Motiv steht aber die ungleich wichtigere Aufgabe, die Bedeutung des Opfers Christi verständlich zu machen.

Mit seiner Deutung steht der Verfasser einzigartig da im Neuen Testament, und er gibt eine tiefgründige theologische Erklärung. Diese seine Christologie kann als das Sondergut des Hebräerbriefes gelten. (vgl. Otto Kuss, „Der Brief an die Hebräer." Regensburger Neues Testament Bd. 8, 2. erw. Aufl. Regensburg 1966, S. 143 f.)

Vergegenwärtigen wir uns zunächst, was der Hebräerbrief alles nicht enthält: er gibt kein „Leben Jesu" und auch keine Passionsgeschichte. Sein Thema sind nicht die historischen Ereignisse, an denen der Verfasser in keiner Weise interessiert ist, sondern allein deren theologische Durchdringung und Deutung.

Zu diesem Zweck geht er auf ein historisches Ereignis aus den Erzvätergeschichten zurück, das in Genesis 14, 17-20 berichtet wird. Der Zusammenhang ist dieser: Abraham zieht mit großem Gefolge und umfangreichen Herden durch Palästina und kommt in die Nähe der Stadt Jerusalem. Nun entsteht die dramatische Frage, wie werden die Israeliten von der dort lebenden Bevölkerung aufgenommen und insbesondere von ihrem Herrscher Melchisedek? Man mache sich einmal klar, was das in der kargen und trockenen Landschaft bedeutet, wenn da plötzlich so ein wandernder Stamm mit all seinen Herden auftaucht. Allein der Bedarf der zahlreichen Tiere nach Wasser müsste nach aller Erwartung zum bewaffneten Konflikt führen, wie er sich überall dort ereignet, wo wandernde Nomaden mit sesshaften Bauern zusammentreffen.

Die große Überraschung ist nun, dass Abraham und sein Stamm von dem König in Jerusalem in Frieden aufgenommen werden. Es kommt sogar zu der bezeichnenden Geste, dass Abraham dem Melchisedek den Zehnten entbietet.

Diese Szene aus der Frühzeit der Erzväter greift nun der Hebräerbriefverfasser auf und macht sie zur Grundlage von weitreichenden Überlegungen. Wenn also Abraham dem König Melchisedek einen Tribut entrichtet, dann stellt er sich in seinem Rang unter ihn. Der eigentliche Held dieser Geschichte ist also nicht der Erzvater Abraham, der „Vater einer Menge", als der er später verehrt wird, sondern der völlig unbekannte Herrscher in Jerusalem, nämlich Melchisedek. Dieser steht im Rang über ihm.

Damit erweist sich der Hebräerbriefverfasser nicht nur als ein spekulativer Kopf von einzigartiger Kraft, sondern durch seine kühne Entscheidung, die alten Opfer als unnütz einzustufen und dafür allein das Opfer Christi als heilsentscheidend herauszuarbeiten zeigt er, dass er nicht irgendein theologischer Briefschreiber der Spätantike ist, sondern als Prophet bezeichnet werden kann.

Der Prophet, ein Künder nach jüdischem Verständnis, ist ja nicht ein Autor, der künftige Ereignisse vorhersagt, sondern ein Mann, der im Auftrag Jahwes eine frühere Satzung aufhebt und durch eine neuere Weisung ersetzt. Der Gegensatz muss also in aller Schärfe herausgearbeitet werden: die früheren Opfer im Tempel erweisen sich allein schon dadurch als nutzlos, weil sie generationenlang wiederholt wurden. Demgegenüber lehrt der Hebräerbriefverfasser, dass der Tod Jesu nicht nur ein persönliches Scheitern des Messias war, an dessen Erscheinen ganz andere und darum verfehlte Erwartungen geknüpft waren, sondern, dass dieser Tod als das allein heilsentscheidende Opfer innerhalb der ganzen Geschichte angesehen werden muss.

Machen wir uns noch einmal klar, vor welcher selbstgestellten Aufgabe der Hebräerbriefverfasser steht. Er möchte dem Sterben Christi, also dem Scheitern des Messias an der von ihm erwarteten Aufgabe, einen Sinn verleihen. Er erklärt also den schändlichen Tod Jesu als freiwilliges Opfer. Opfern ist aber nach biblischem Verständnis die Aufgabe der Priester, zumal des Hohepriesters. Er muss also zuerst darlegen, inwiefern Jesus als Hohepriester verstanden werden kann. Hier ergibt sich ein unüberwindlich scheinendes Hindernis.

Alle Priester im alten Tempelkult mussten aus dem Stamm Levi gebürtig sein. Jesus aber kam aus dem Stamm Juda. Bei dieser Lage gibt es zunächst keine Überbrückung der Schwierigkeit. Der Hebräerbriefverfasser kommt jedoch zu der genialen Lösung, dass er Jesus gar nicht erst mit dem levitischen Priestertum in Verbindung bringt, sondern seine Stellung ganz woanders verortet. Dazu verhilft ihm der Satz aus Ps. 110,4 „Du bist ein Priester von Ewigkeit nach der Ordnung des Melchisedek."

Er verweist also darauf, dass es neben der levitischen Priestertradition noch das andere Priestertum des sonst unbekannten Königs Melchisedek gibt, dessen Begegnung mit Abraham im Buche Genesis geschildert wird. Dieser König Melchisedek taucht plötzlich in den Erzvätergeschichten auf, ohne dass seine Herkunft erklärt würde. Zugleich wird sein Rang festgestellt, der ihn über den Erzvater Abraham stellt.

Es gibt also, und das ist die geniale Entdeckung des Hebräerbriefverfassers, in der biblischen Überlieferung ein Priestertum, das nicht nur außerhalb der levitischen Tradition steht, sondern dieser sogar übergeordnet ist. So kann er leichten Herzens alle Opfer des alten Tempelkults als „unwirksam" und „unnütz" bezeichnen, und er beklagt auch die Zerstörung des Tempels nicht. Stattdessen verweist er auf das eine Opfer Christi, das allein die Erlösung der Menschheit bewirkt.

Nun muss er noch eine gedankliche Lücke schließen. Der auferstandene Jesus ist in den Himmel aufgefahren, wo er zur Rechten Gottes sitzt, also an dessen Herrschaft teilhat; aber auf Erden hat sich immer noch nichts an dem heillosen Zustand der Menschheit geändert. Der Hebräerbriefverfasser sagt darum, dass der Messias am Ende der Tage wiederkehren und ein Gericht halten wird, das den endgültigen Zustand in Frieden und Gerechtigkeit herbeiführt.

Damit verknüpft der Verfasser seine besondere Deutung der Christologie mit der Eschatologie, also der Lehre von den letzten Dingen. Er bietet damit einen umfassenden Entwurf einer christliche Theologie, die keine der wesentlichen Fragen unbeantwortet lässt. Mehr braucht es nicht.

Was ist am Ende von der Bedeutung des Hebräerbriefes zu sagen? Man stelle sich eine Gemeinde von frühen Christen vor, die nur dieses Werk in Händen hat, denn die Evangelien und auch die sogenannten Paulusbriefe gibt es noch nicht, ebensowenig die Geheime Offenbarung. Was folgt daraus? Der Hebräerbrief ist zu diesem Zeitpunkt das Evangelium dieser frühen Gemeinde und damit die einzige Grundlage ihres Glaubensverständnisses. (Die Evangelien, zumindest die Synoptiker, sind um das Jahr 100 anzusetzen und die sogenannten Paulusbriefe sogar erst um 140.) Das genügte offenbar für diese Zeit.

Wie steht es aber in der Folge? Braucht die Christenheit eigentlich noch die Evangelien und die im Neuen Testament gesammelten Briefe? Genau genommen braucht es diese ganzen späteren literarischen Zeugnisse nicht, um den Christen den Kern ihres Glaubens vertraut zu machen. Allenfalls könnte man das gleichfalls, laut Klaus Berger („Im Anfang war Johannes, Datierung und Theologie des vierten Evangeliums", 2. Aufl. Gütersloh 2003) sehr früh entstandene Vierte Evangelium, also Johannes, hinzunehmen, während die Apokalypse, die so viele als neurotisch einzustufende Sektierer beschäftigt hat, in gleicher Weise verzichtbar ist.

Wer also die hauptsächliche Lehre des Neuen Testaments kennenlernen will, kann sich mit dem tiefgründigen Werk des unbekannten Hebräerbriefverfassers begnügen und vielleicht noch das Johannesevangelium hinzunehmen. Damit entfällt die Grundlage vieler theologischer Bemühungen und Streitigkeiten, wie sie insbesondere der Römerbrief des Pseudopaulus nach sich gezogen hat.

Es braucht wenig Phantasie, sich vorzustellen, dass die Christenheit in der Zukunft in turbulente Gewässer geraten kann. Wer dann noch einen verlässlichen Halt für den Kern seines Glaubens sucht, könnte ihn im Hebräerbrief finden.

Geistige Strömungen im Judentum des 20. Jahrhunderts

Von außen gesehen, mag es den Anschein haben, daß sich innerhalb des Judentums anderthalb Jahrtausende lang, also seit der Spätantike, nicht viel geändert habe. Stand nicht der Kanon der Heiligen Schriften schon um Jahrhunderte früher fest, und war nicht die ganze Zeit danach der getreuen Überlieferung dieses Schatzes gewidmet, der geduldigen Aneignung durch das typisch jüdische „Lernen" und der immer subtileren Kommentierung, zuerst der Thora, dann der Erläuterungen? So mag es in der Tat scheinen; denn die großen Erschütterungen im Judentum, wie sie sich beispielsweise nach dem Auftreten des Messias Sabbatai Zwi um die Mitte des 17. Jahrhunderts abgespielt hatten, waren von der nichtjüdischen Öffentlichkeit kaum wahrgenommen worden. Noch immer blieben die Juden abgeschlossen im Ghetto, und von ihren Hoffnungen und Erregungen nahmen die Christen kaum Notiz.

Auch die noch weiter zurückliegende geistige Bewegung der Kabbala, die ihre Zentren am Oberrhein hatte, in Nordfrankreich und vor allem in Spanien, war den Nichtjuden verborgen geblieben und für sie ohne Interesse, sieht man von dem Aufsehen ab, daß die Thesen des Giovanni Pico della Mirandula erregt hatten, der sich eigene Übersetzungen kabbalistischer Texte hatte herstellen lassen. Ebenso blieb der zweite Höhepunkt der kabbalistischen Spekulation im Europa der Christen unbekannt, wird er doch durch die Arbeit von aus Spanien vertriebenen Juden in Safed in Obergaliläa gekennzeichnet. All das begab sich im 16. und 17. Jahrhundert und pflanzte sich gleichsam unterirdisch in den jüdischen Gemeinden fort, und es kam erst recht nicht den europäischen Christen zur Kenntnis, und das bis zu den Arbeiten von Gershom Scholem.

So mochte also das Judentum von außen geradezu statisch aussehen, bis es dann im 20. Jahrhundert zu einem wahren Ausbruch der verschiedensten Aktivitäten kam, der nun auch von den Nichtjuden nicht länger ignoriert werden konnte. Dabei ist sogleich hinzuzufügen, daß nicht alles an innerjüdischer Kreativität, das im 20. Jahrhundert zutage trat, auch in diesem Jahrhundert entstanden ist. Es gab weiterhin die sorgfältige Tradierung der älteren Bestände, und auch durchaus originelle Neuinterpretationen davon; wie bekannt, vergessen Juden nichts, das einmal zu ihrem Erbe gehörte. Aber es gab auch grundlegend neue Gedanken und Bestrebungen, von denen hier zunächst berichtet werden soll:

Der Zionismus. Der Name dieser zündenden Idee, die innerhalb kürzester Zeit das ost- und westeuropäische Judentum in eine geradezu revolutionäre Erregung versetzte, wurde zuerst von Nathan Birnbaum (16.5.1860 Wien - 1937 Scheveningen/Holland) gebraucht. Er nimmt Bezug auf den Berg Zion und zielt damit auf die Heilige Stadt Jerusalem, bedeutet aber zugleich im Sinne des pars pro toto die Rückbesinnung auf das gesamte Heilige Land. Blieb diese erste Erwähnung noch ohne sichtbare Folgen, so bildete das Erscheinen des Buches „Der Judenstaat" des Wiener Journalisten Theodor Herzl (2.5. 1860 Budapest - 3.7.1904 Edlach/Österreich) im Jahre 1896 sogleich ein weithin sichtbares Fanal. Hier lag kein Staatsroman vor - den Herzl dann im späteren „Altneuland" auch noch geschrieben hat, - sondern eine Programmschrift, die sofort zum Manifest einer sich unmittelbar danach bildenden Bewegung wurde und damit Weltgeschichte machte. Es ist nicht übertrieben, zu sagen, daß diese wenig umfangreiche Schrift die einzige politische Utopie ist, die sich verwirklicht hat, und das schon in der außergewöhnlich kurzen Frist eines halben Jahrhunderts, nämlich in der Ausrufung des Staates Israel am 14. Mai 1948 (ich schreibe dies am 53. Jahrestag dieses Ereignisses.) Wegen der außergewöhnlichen Bedeutung und der weitreichenden Folgen lohnt sich ein genauer – und auch kritischer - Blick auf dieses Buch. Sein voller Titel lautet: Der Judenstaat. Versuch einer modernen Lösung der Judenfrage von Theodor Herzl Doctor der Rechte. Leipzig und Wien 1896 (86 S., Ndr. Osnabrück 1968).

Die „Vorrede" beginnt mit dem Satz: „Der Gedanke, den ich in dieser Schrift ausführe, ist ein uralter. Es ist die Herstellung des Judenstaates." (3). Der Autor setzt sich sogleich von einem anderen Buch ab, das er nicht ernstnehmen kann, „Freiland" von Theodor Hertzka, und das er lebensfern nennt (4). „Hingegen enthält der vorliegende Entwurf die Verwendung einer in der Wirklichkeit vorkommenden Treibkraft (...)". Er fährt fort: „Auf die treibende Kraft kommt es an. Und was ist diese Kraft? Die Judennoth" (4).

Dafür hatte es gerade noch weitere Beispiele gegeben: Blutige Verfolgungen im westlichen Rußland und den Prozeß gegen den französischen Hauptmann Dreyfus im Jahre 1894, den Herzl als Pariser Korrespondent seiner Zeitung beobachtet hatte und der mit der Verurteilung, Degradierung und Deportation des unschuldig Angeklagten geendet hatte. Bekanntlich ist das Verfahren später auf Betreiben von Emile Zola wieder aufgenommen worden, aber es endete erst im Jahre 1906 mit der vollen Rehabilitation des Angeklagten. Da war Herzl nicht mehr am Leben. So hatte der militante Antisemitismus den Versuch einer Selbstbefreiung der Juden ausgelöst, wie ihn Herzl in seiner Schrift propagiert.

Der Autor ist sich der Schwierigkeiten und der zu erwartenden Widerstände durchaus bewußt: „Ich verlange von den Gebildeten, an die ich mich wende, ein Umdenken und Umlernen mancher alten Vorstellung: Und gerade den besten Juden, die sich um die Lösung der Judenfrage thätig bemüht haben, muthe ich zu, ihre bisherigen Versuche als verfehlt und unwirksam anzusehen" (5). Geradezu prophetisch beschließt er seine Vorrede: „Ist das, was ich sage, heute noch nicht richtig? Bin ich meiner Zeit voraus? Sind die Leiden der Juden noch nicht gross genug? Wir werden sehen.

Es hängt also von den Juden selbst ab, ob diese Staatsschrift vorläufig nur ein Staatsroman ist. Wenn die jetzige Generation noch zu dumpf ist, wird eine andere, höhere, bessere kommen. Die Juden, die wollen, werden ihren Staat haben und sie werden ihn verdienen" (6).

Mit raschen Strichen skizziert Herzl die Lage: „Die Judenfrage besteht. Es wäre thöricht, sie zu leugnen. Sie ist ein verschlepptes Stück Mittelalter, mit dem die Culturvölker noch nicht fertig werden konnten. Den grossmütigen Willen zeigten sie ja, als sie uns emancipirten. Die Judenfrage besteht überall, wo Juden in merklicher Anzahl leben. Wo sie nicht ist, da wird sie durch einwandernde Juden eingeschleppt" (11).

Er bemüht sich, die Entstehung zu erklären: „Ich glaube, den Antisemitismus, der eine vielfach complicierte Bewegung ist, zu verstehen. Ich betrachte diese Bewegung als Jude, aber ohne Hass und Furcht. Ich glaube zu erkennen, was im Antisemitismus roher Scherz, gemeiner Brotneid, angeerbtes Vorurtheil, religiöse Unduldsamkeit - aber auch was darin vermeintliche Nothwehr ist: Ich halte die Judenfrage weder für eine sociale, noch für eine religiöse, wenn sie sich auch noch so und anders färbt. Sie ist eine nationale Frage (...)" (ebd.), und er kommt zu einer thesenartigen Aussage, die die ganze Diagnose in einem Wort enthält, das zugleich auf die mögliche Heilung weist: „Wir sind ein Volk, ein Volk" (ebd.). Zugleich erkennt Herzl, daß ein Zusammenleben mit anderen Völkern auf deren Gebiet nicht mehr möglich ist, und er begründet das aus den Tiefen der Einstellung der Wirtsvölker: „Denn tief im Volksgemüth sitzen alte Vorurtheile gegen uns. Wer sich davon Rechenschaft geben will, braucht nur dahin zu horchen, wo das Volk sich aufrichtig und einfach äußert: das Märchen und das Sprichwort sind antisemitisch" (12).

In rhetorisch wirksamer Steigerung schildert er die Lage der Juden: „Ich glaube, der Druck ist überall vorhanden. In den wirthschaftlich obersten Schichten der Juden bewirkt er ein Unbehagen. In den mittleren Schichten ist es eine schwere, dumpfe Beklommenheit. In den unteren ist es die nackte Verzweiflung" (22). Er bringt die Konsequenz auf den Punkt: „Ich werde nun die Judenfrage in Ihrer knappsten Form ausdrücken: Müssen wir schon „raus"? und „wohin?" (ebd.), und er läßt keine falschen Hoffnungen bestehen, wenn er feststellt: „Die Völker, bei denen Juden wohnen, sind alle sammt und sonders, verschämt oder unverschämt, Antisemiten" (ebd.).

Herzl räumt auch mit halbherzigen Lösungsvorschlägen auf, etwa dem: „Wer die Juden zu Ackerbauern machen will, der ist in einem wunderlichen Irrthume begriffen. Der Bauer ist nämlich eine historische Kategorie", was er mit den überkommenen Methoden der Landwirtschaft in Europa begründet, und er erweist sich als erstaunlich vorausschauend: „Wir wissen aber, dass es jetzt für all' das Maschinen gibt. Die Agrarfrage ist auch nur eine Maschinenfrage" und das bedeutet: „Der Bauer ist also eine auf den Aussterbeetat gesetzte Figur. Wenn man den Bauern künstlich conservirt, so geschieht es wegen der politischen Interessen, denen er zu dienen hat." Es wäre also absurd, den Juden den Einstieg in eine überholte Lebensform nahezulegen: „Neue Bauern nach dem alten Recept machen zu wollen, ist ein unmögliches und thörichtes Beginnen" (23).

Dagegen stellt Herzl nun sein ebenso einleuchtendes wie simples Konzept: „Man gebe uns die Souveränität eines für unsere gerechten Volksbedürfnisse genügenden Stückes der Erdoberfläche, alles andere werden wir selbst besorgen" (27).

Es ist nun einigermaßen überraschend, daß der Autor sich zunächst gar nicht eindeutig äußert, an welches Gebiet er dabei gedacht hat. Er nennt mit scheinbarer Neutralität deren zwei, wobei aber dann doch erkennbar wird, welchem er den Vorzug gibt. Herzl schreibt: „Zwei Gebiete kommen in Betracht: Palästina und Argentinien" (28). Aus eigener Anschauung kennt er keines davon, er hat aber doch wohl Erkundigungen eingezogen. Was er nun zuerst über Argentinien ausführt, ist viel konkreter als der Abschnitt über Palästina. Er schreibt: „Argentinien ist eines der natürlich reichsten Länder der Erde, von riesigem Flächeninhalt, mit schwacher Bevölkerung und gemässigtem Klima." (29). Dann kommt noch eine geradezu empfehlende Auskunft: „Die argentinische Republik hätte das grösste Interesse daran, uns ein Stück Territorium abzutreten" (ebd.). Worauf stützt sich diese optimistische Annahme? Hat Herzl etwa bereits vorgefühlt und - vielleicht während seiner Korrespondententätigkeit in Paris, mit dort lebenden argentinischen Diplomaten oder anderen informierten und einfluß-reichen Angehörigen dieses Staates gesprochen? Wie kommt er zu der bestimmten Aussage, die Argentinier hätten selbst ein Interesse an einer Gebietsabtretung? Und was hat es mit seiner Aussage über die (zahlen-mäßig) schwache Bevölkerung auf sich?

Dazu sind ein paar Tatsachen zu ergänzen, die Herzl aus begreiflichen Gründen nicht erwähnt, obwohl sie ihm bekannt gewesen sein müssen: Zunächst einmal diese: Argentinien war seit dem Erlangen seiner Unabhängigkeit von Spanien bis zum Ende des Jahrhunderts nicht zur Ruhe gekommen, und es war von periodischen bürgerkriegsähnlichen Konflikten erschüttert. Das allein wäre im Rahmen der lateinamerika-nischen Länder nichts Ungewöhnliches, sondern es stellt eher die Regel dar. Dann aber bezeichnet er Argentinien als eines der reichsten Länder. Er hätte hinzufügen müssen: potentiell; denn in Wahrheit wies es nicht nur ein selbst in Lateinamerika außergewöhnliches Maß an Korruption auf, sondern es war gerade durch einen Staatsbankrott gegangen und nun mit astronomischen Summen verschuldet. Entweder Herzl wußte von alldem nichts, was aber kaum vorstellbar ist, oder er spekulierte geradezu auf die Bestechlichkeit irgendwelcher Politiker, denen man mit der Aussicht auf persönliche Bereicherung eine Provinz des in der Tat sehr ausgedehnten Landes abhandeln könnte. Steht es so, dann läßt das doch auf einen erheblichen Zynismus des Autors schließen, der seine Absichten auf einmal moralisch sehr zweideutig erscheinen läßt.

Es gibt aber noch eine verräterische Bemerkung, die über die „schwache Bevölkerung" Argentiniens. Wie verhält es sich in Wahr-heit damit? Zu seiner Zeit bestand das Land - wie übrigens auch heute noch - aus der einen überdimensionalen Haupt- und Hafenstadt, Buenos Aires, ein paar kleineren Städten im Nordwesten und der fast menschenleeren Landmasse Patagoniens. Diese Landstriche waren aber nicht immer ohne Bewohner, vielmehr waren sie das Gebiet freier Indi-aner, und die Grenze dieses von ihnen bewohnten Territoriums zur europäisch besiedelten Zone lag damals drei Reitstunden südlich der

Hauptstadt. Den ganzen Süden des Landes hatte nun die Armee erobert, „befriedet", wie der Große Meyer in der 9. Auflage etwas scheinheilig sagt, und bei dieser in mehreren Feldzügen bis 1880 durchgeführten Befriedungsaktion waren die ehemaligen Herren des Landes, also die Indianer, größtenteils umgekommen, während der überlebende Rest nach Süden abgedrängt worden war.

Ich frage mich wiederum: Was wußte Herzl darüber? Hatten ihm etwa seine argentinischen Gewährsleute von den Heldentaten ihrer Armee prahlerisch berichtet? Steht es so, dann wird man die Frage an Herzl stellen dürfen, ob er seine jüdischen Landsleute, die vor den blutigen Pogromen im Osten fliehen wollten, nun ausgerechnet in das vom Blut der indianischen Bewohner getränkte südliche Argentinien führen wollte. Wenn ihm diese Überlegung gleichgültig war, dann geht das über die zynische Spekulation auf den Geldbedarf des pleitegegangenen Landes und seiner korrupten politischen Klasse noch weit hinaus.

Zum Glück korrigiert sich der Autor sogleich im nächsten Absatz, indem er schreibt: „Palästina ist unsere unvergessliche historische Heimat" (29). Doch auch hier winkt er sogleich mit dem Scheckbuch: „Wenn seine Majestät der Sultan uns Palästina gäbe, könnten wir uns dafür anheischig machen, die Finanzen der Türkei gänzlich zu regeln" (ebd.). Er fügt hinzu: „Für die heiligen Stätten der Christenheit liesse sich eine völkerrechtliche Form der Exterritorialisierung finden" (ebd.)

Daß es noch weitere heilige Stätten in Palästina gibt, kommt ihm nicht in den Sinn, abgesehen von der dort lebenden Bevölkerung. Soll die vielleicht zuvor von der türkischen Armee vertrieben werden, die doch auch Geld annehmen würde? Aber mit dieser Frage greife ich vor, und zunächst sollen noch ein paar Einzelzüge seines Plans angeführt werden. Breiten Raum nehmen in der ansonsten wenig umfangreichen Schrift die wirtschaftlichen Überlegungen ein, und es schwebt ihm offenbar eine Mischung aus Planwirtschaft und Liberalismus vor. Welche Konflikte damit verbunden wären, darüber hat er nicht im Einzelnen nachgedacht. Er versichert lediglich: „Das Privateigenthum als die wirthschaftliche Grundlage der Unabhängigkeit, soll sich bei uns frei und geachtet entwickeln" (48). Was aber geschieht mit denen, die es zu solchem Eigentum nicht gebracht haben? Auch für sie hat Herzl sein Rezept bereit: „Bettler werden nicht geduldet. Wer als Freier nichts thun will, kommt ins Arbeitshaus" (58). Hat er sich hier als rigoros gezeigt, so kann er in anderer Hinsicht durchaus tolerant sein: „Wir wollen drüben jeden nach seiner Façon selig werden lassen. Auch und vor allem unsere theuren Freidenker (...)" (62).

Störend ist es, wenn der Autor einen Abschnitt mit „Unser Menschen-material" überschreibt (63), in dem er dann allerdings vernünftige Gedanken äußert. Ich will ihm darum aus der einen Vokabel, die in das „Wörterbuch des Unmenschen" gehört, hier keinen Strick drehen. Ein kritisches Hinsehen hat aber das Kapitel über „Die Landergreifung" (71 ff.) verdient. Hier erweist sich Herzl ganz als der europäische Kolo-nisator, vergleichbar etwa mit Cecil Rhodes. Er schreibt: „Die neue Judenwanderung muss nach wissenschaftlichen Grundsätzen erfolgen" (71). Das könnte einen Moses schamrot werden lassen. Was jener noch nicht bedacht hatte, soll nun nachgeholt werden, und darum „muss das neue Judenland mit allen modernen Hilfsmitteln erforscht und in Besitz genommen werden" (72)

Da das Land bekanntlich in Privateigentum überführt werden soll, schlägt er vor, es zu versteigern, allerdings nicht gegen Geld, sondern gegen Leistung (ebd.). Wie die persönliche Leistung gemessen und dann in Landrechte umgerechnet werden soll, darüber sagt er nichts. Er versichert lediglich: „So wie wir die Anderen nicht überrumpeln oder betrügen, so täuschen wir uns auch selbst nicht" (73). Hier ist wiederum zu fragen: Welche anderen? Geht es immer noch um Argen-tinien, nun, so sind die ehemaligen Bewohner ja längst in die Ewigen Jagdgründe befördert; geht es aber doch um Palästina, die „unvergess-liche Heimat", dann müßte schon näher erläutert werden, wie denn die Bewohner dieses Landes abgefunden werden sollen. Darüber ist aber in dem Plan nichts vorgesehen. Es fehlt aber noch etwas viel Elementa-reres: Nicht einmal der Name der Bewohner des einen wie des anderen

möglichen Einwanderungslandes wird auch nur genannt. So ginge also
die Einwanderung in ein Argentinien ohne Ureinwohner, wofür die
dortige Armee gesorgt hat, oder in ein Palästina ohne Palästinenser.

Man kann es leider nicht schonender ausdrücken: Aus diesem
Versäumnis in seiner Gründungsschrift resultieren alle Schwierigkeiten
des Staates Israel bis auf den heutigen Tag und bis in alle absehbare
Zukunft - wenn es dann noch eine hat.

Eher beiläufig kommt der Autor auf die Sprachenfrage zu sprechen. Er kann sich für sein neues Land nur eine europäische Sprache
vorstellen, und den Gedanken, etwa das Hebräische zu gebrauchen,
weist er mit beißendem Spott ab: „Wer von uns weiss genug Hebräisch,
um in dieser Sprache ein Bahnbillet zu verlangen?" (75), und er fügt
hinzu: „Das gibt es nicht" (ebd.). Inzwischen gibt es das durchaus, und
an fehlenden Vokabeln für alle Bedürfnisse des heutigen Lebens wird
der Staat Israel sicher nicht scheitern.

Ebenso kurz angebunden wie mit der Heiligen Sprache geht der
Autor mit einer anderen Frage um: „Werden wir also am Ende eine
Theokratie haben? Nein!" (75). Hier hat Herzl einen Konflikt voraus-
geahnt, der bis heute nicht entschieden ist. Man befrage dazu die
Frommen in Mea Shearim wie die atheistischen Einwanderer aus der
Sowjetunion.

Am Schluß seines Manifestes erhebt sich der Autor zu prophetischem
Pathos: „Die Juden, die wollen, werden ihren Staat haben." (86). Dieses
Ziel wurde erreicht. Der Autor fährt dann fort: „Wir sollen endlich als
freie Männer auf unserer eigenen Scholle leben und in unserer eigenen
Heimat ruhig sterben" (ebd.) Auch das ist jetzt möglich. Lediglich
hinter dem Wort „ruhig" darf ein Fragezeichen angebracht werden.

Soweit eine knappe Übersicht über die Schrift von Theodor Herzl,
die trotz ihrer offenkundigen Schwächen und Auslassungen von durch-
schlagendem Erfolg war. Schon vom 29. bis 31. August 1897 wurde
in Basel der erste Zionistenkongreß abgehalten, auf den in rascher
Folge weitere kamen. Aber schon auf dem ersten Kongreß wurde dieses
Programm angenommen:

„Der Zionismus erstrebt die Schaffung einer öffentlich-rechtlich gesicherten Heimstätte für das jüdische Volk in Palästina. Zur Erreichung dieses Zieles nimmt der Kongreß folgende Mittel in Aussicht:

1. Die zweckdienliche Förderung der Besiedlung Palästinas mit jüdischen Ackerbauern, Handwerkern und Gewerbetreibenden.

2. Die Gliederung und Zusammenfassung der gesamten Judenschaft durch geeignete örtliche und allgemeine Veranstaltungen, nach Maßgabe der Landesgesetze.

3. Die Stärkung des jüdischen Selbstgefühls und Volksbewußtseins.

4. Vorbereitende Schritte zur Erlangung der Regierungszustimmungen, die nötig sind, um das Ziel des Zionismus zu erreichen."

Hans Joachim Schoeps (Hrsg.), Jüdische Geisteswelt. Köln 1960, S. 270.

Ergänzend sei noch darauf hingewiesen, daß es gewissermaßen zur Korrektur der einseitig wirtschaftlichen und politischen Ziele Herzls noch den sogenannten Kulturzionismus gibt, wie ihn vor allem der unter dem Pseudonym Achad Haam (einer aus dem Volke) schreibende Ascher Ginzberg (1856-1927) vertrat, der Palästina nicht nur als politisches Zentrum, sondern vor allem als neuen geistigen Mittelpunkt des Judentums ansah. Von einem besonders eindrucksvollen Erfolg dieser Bestrebungen läßt sich wohl kaum sprechen. Dabei ist allerdings zu berücksichtigen, daß das Judentum immer, zumindest seit dem Exil und der Zerstörung des Tempels, über mehrere geistige Zentren verfügt hat. Wer will leichthin entscheiden, wo zu einer bestimmten Zeit das geistige Zentrum angesiedelt war: in den Akademien des Zweistromlandes, in Alexandrien, in Gerona, am Oberrhein, in Wilna oder in Safed, in den Vereinigten Staaten oder in Jerusalem, oder vielleicht in ferner Zukunft einmal in Berlin?

II. Der Talmud oder die Orthodoxie

Der Talmud stellt sich als ein hortus conclusus dar. Allein schon die sprachlichen Voraussetzungen zu erwerben, könnte viele Jahre eines Gelehrtenlebens in Anspruch nehmen. Man braucht dazu eine eingehende Kenntnis des Hebräischen und des Aramäischen, der Verständigungssprache des nachbiblischen Judentums. Aber selbst das allein reicht noch nicht zum Verstehen der Texte und ihrer Intention. Kenner versichern, daß man den Talmud überhaupt nur unter der Anleitung eines versierten Talmudgelehrten lesen, oder besser, wie der geläufige Terminus lautet, „lernen" kann. Versuchen wir zunächst, uns eine Übersicht zu verschaffen.

Die erste Überraschung ist, daß es nicht einen Talmud gibt, sondern deren zwei: den Jerusalemer und den Babylonischen Talmud. Letzterer scheint aber im Gebrauch vorzuherrschen, sodaß wenn vom Talmud schlechthin gesprochen wird, immer der babylonische gemeint ist. Wie ist nun das Werk gegliedert? Nachschlagewerke und Einführungen belehren uns, daß der Talmud aus der Mischna besteht, der kanonischen Sammlung des jüdischen Gesetzes, und daß dieser Stoff nach Materien geordnet sei. Dies ist der hebräisch geschriebene Teil. Hinzu tritt nun die Gemara, das ist ein weitschichtiger Kommentar zur Mischna, der aramäisch abgefaßt ist. Es gibt nun zwei Talmude: den kürzeren in Palästina redigierten Jerusalemer Talmud, und eine umfassendere, im allgemeinen jüngere Fassung der Gemara, die in verschiedenen aramäischen Dialekten in Babylonien verfaßt wurde. Es werden zwei Gattungen des talmudischen Stoffes unterschieden: die Halacha, das ist das Gesetz und Diskussionen über das Gesetz, und die Aggada, das sind Belehrung, Unterhaltung, Erbauung, Geschichte, Sage und Ethik.

Durch die Mischna ist eine Gliederung des Stoffes vorgegeben, aber die Gemara schweift häufig von ihrem Gegenstand ab und schließt andere Erörterungen an, die zum Teil inhaltliche, zum Teil aber nur eine äußerliche Verwandtschaft mit den ursprünglich erörterten Fragen aufweisen. Man ahnt bereits: ein bequemes Nachschlagewerk zu Fragen des Gesetzes ist der Talmud nicht; aber was ist schon bequem im Judentum! Für den alltäglichen Gebrauch gibt es Handbücher, wie den berühmten Schulchan Aruch, den „Gedeckten Tisch" des Josef Karo aus Safed, erstmals gedruckt in Venedig 1564/65. Dieses Kompendium gilt als das verläßliche Ratgeberbuch für den gesetzestreuen jüdischen Haushalt.

Wenden wir uns wieder der Gliederung des Talmud zu. Dieser zerfällt in sechs Ordnungen. Sie sind wie folgt überschrieben: I. Seraim (Saaten). Darin sind enthalten: Lobsprüche, Segenssprüche, Zehente von Früchten an die Priester und Leviten. Armenrechtliches; Almosen. Verbotene Mischung von Tieren, Pflanzen, Gewebstoffen. Sabbatjahr, Schuldenerlaß. Erstlinge.

II. Moëd (Feste). Inhalt: Bestimmungen über die Feier des Sabbat, der Festtage; Werkverbot. Schekelsteuer. Die Diskussionen zwischen den Schulen Hillel und Schammai, besonders im Traktat Beza. Darin wird erörtert, ob jeweils die strengere oder die mildere Art der Auslegung oder Lehrentscheidung vorzuziehen ist. Darüber spricht sich der Talmud nun nicht in autoritärer Form aus, sondern berichtet getreulich über beide Standpunkte und gibt damit gewissermaßen das Protokoll der damaligen Diskussionen in den Akademien des Zweistromlandes wieder.

III. Naschim (Frauen). Hier finden sich eherechtliche Fragen, Leviratsehe, Scheidebriefe. Eheschließungszeremonien, Verlobung, Antrauung. Gelübde, das Nasiräat.

IV. Nesikin (Schäden) Darin enthalten sind das Zivilrecht und die Zivilprozeßordnung (es sei daran erinnert, daß die Juden im babylonischen Exil über eine weitgehende juristische Autonomie verfügten.) Sodann Strafrecht und Strafprozeßordnung. Die Zusammensetzung und Zuständigkeit des Sanhedrin, d.h. des Gerichts. Ferner Strafen, Freistätten. Die Lehre vom Eid. Fremde Kulte, und der Verkehr mit den Dienern fremder Kulte. Dieser Teil spiegelt also die Tatsache wieder, daß die Juden sich schon zur damaligen Zeit unter fremdreligiösen Bevölkerungen aufhalten und zugleich ihre Eigenständigkeit bewahren mußten.

V. Kodaschim (Heiligtümer). Hier wird verhandelt über Schlachtopfer, Speiseopfer, Brandopfer - also eine Erinnerung an den Jerusalemer Tempelkult. Ferner Schlachtordnung, Schächtvorschriften. Hier ist wieder ein Teil von bleibender Aktualität. Dazu Weihe der Erstgeburten, Rechte, Auslösungsgebühren. Maße und Einrichtung des Tempels. Speisegesetze.

VI. Taharot (Reinigungen). Hier finden sich die Reinheitsvorschriften hinsichtlich der Geräte, Zelte, Aussatz und kurzzeitige Unreinheiten, Körperpflege, Waschungen und Bäder. Nidda (Menstruation) und Puerperium, Pubertät. Angehängt sind Kontroversen über das „Hohelied" und das Buch Kohelet. Ferner oberste Entscheide. (vgl. J. Weigl, Das Judentum. 2. Aufl. Berlin 1924, S. 140 f.).

Sieht man sich nun irgendeine einzelne Frage an, kann man auf die Aussage eines der über 2000 namentlich genannten älteren Lehrer stoßen, der zu der Frage, ob ein bestimmtes Stück Fleisch als rein oder unrein anzusehen ist, sich erbötig macht, 49 Gründe für die Reinheit, aber auch 49 Gründe für die Unreinheit beizubringen. Wer erinnert sich da nicht an Kants Antimonien der reinen Vernunft. Das alles gibt es hier im Talmud auch, nur ausführlicher und von offenbar nicht ganz unwillkommenen Abschweifungen, Geschichten und Anekdoten durchzogen. Der Garten des Talmud erweist sich damit zugleich als ein Irrgarten, oder, wie Jorge Luis Borges einmal geschrieben hat, als „ein Garten der Pfade, die sich verzweigen." In diesem Garten kann man sich schon ein Leben lang aufhalten, gelegentlich verirren und dann wieder an Stellen mit überraschenden Ausblicken gelangen. Das setzt allerdings voraus, daß eine tüchtige Frau sich unterdessen um das Essen bemüht.

Die Sammlung des Babylonischen Talmud war nach der Arbeit vieler Jahrhunderte um das Jahr 200 beendet. Die Auslegung und weitere Kommentierung setzte sich dann im Mittelalter fort – der berühmte Kommentar des Raschi wird in den neueren Ausgaben des Talmud mit abgedruckt, und das Studium des Gesetzes bildet die Voraussetzung für das Amt des Rabbiners. Von seinem Amt her ist also der Rabbiner gewissermaßen die Entsprechung des christlichen Priesters oder Pastors. Aber ist er das wirklich? Der christliche Geistliche hat vor seiner Weihe bzw. seiner Amtseinführung ein Studium der Theologie zu absolvieren, und danach ist er in Religionsunterricht und Predigt der Lehrer des Glaubens. Er ist vom Studium her Theologe, und er wacht über den rechten Glauben seiner Herde. Das alles ist der Rabbiner nicht! Er ist nicht der erste Theologe seiner Gemeinde, sondern er ist der Lehrer der Sittlichkeit, der rechten Lebenspraxis und der Schiedsrichter in den Rechtsfragen. Was man die jüdische Orthodoxie nennt, also das gewissenhafte Einhalten der 613 Gebote und Verbote der Thora, das könnte man mit größerer Berechtigung eher Orthopraxie nennen, statt der Rechtgläubigkeit also eher das Rechttun.

Die tiefere Begründung dafür gibt der Rabbiner Roland Gradwohl in seiner Einführung in den Talmud: „Der Jude glaubt, daß es Gott gibt, aber er ist nicht imstande, ihn zu beschreiben. Eine Theologie, d.h. das ‚Wort über Gott‘, fehlt im eigentlich biblisch-talmudischen Schrifttum.“ (31). Vielleicht ist auch das eine Konsequenz aus dem Befolgen des Bilderverbotes: Das Judentum scheut sich, sich irgendein Bild von Gott zu machen, auch kein theologisches.

Zur Illustration des Gesagten will ich eine kleine Beobachtung mitteilen, die mir zuerst recht sonderbar vorkam. In den zwanziger Jahren erschien ein mehrbändiges Sammelwerk über „Die Lehren des Judentums“. Davon wurde eine gekürzte Handausgabe veranstaltet, und die besitze ich seit längerer Zeit.

Wenn man nun - mit der Erinnerung an die christliche Theologie im Hintergrund - sich das Inhaltsverzeichnis ansieht, kann man eine Überraschung erleben. Dieses Werk, das doch offenbar die Rolle eines Katechismus einnimmt, ist in vier Teile eingeteilt. Der erste ist über-schrieben: Die Grundlagen der Jüdischen Ethik. Der zweite Teil: Die sittlichen Pflichten des Einzelnen. Der dritte Teil enthält: Die sittli-chen Pflichten der Gemeinschaft. Erst der vierte Teil bringt: Die Lehre von Gott. Aber auch hier ist der erste Abschnitt - übrigens aus der Feder von Rabbiner L. Baeck - überschrieben: „Inbegriff von Sittlich-keit, Liebe, Gerechtigkeit und Heiligkeit.“ Mit anderen Worten: Der jüdische Theologe fühlt sich gedrängt, wenn er etwas über das Wesen Gottes aussagen soll, an erster Stelle seine Sittlichkeit zu nennen! Das käme einem christlichen Theologen doch sehr sonderbar vor! Nicht, daß er den Gedanken rundweg für verfehlt hielte, aber er setzt ganz andere Schwerpunkte. Zum Vergleich: Die traditionelle (katholische) Dogmatik hat diese Hauptteile: Die Lehre von Gott dem Einen, die Lehre von Gott dem Dreieinigen, die Lehre von der Schöpfung, die Lehre von Christus, die Lehre von der Gnade und die Lehre von den Letzten Dingen. Was im Judentum fast ausschließlich gelehrt wird, bildet innerhalb der christlichen Theologie ein eigenes Fach, genannt Moraltheologie, oder, wie evangelische Theologen vorziehen, Ethik. Hinzu kommen dann noch das Kirchenrecht, die Liturgik und die Aszetik. Das alles aber sind Spezialdisziplinen, die in ihrer Bedeutung weit hinter der eigentlichen Glaubenslehre stehen, also der Dogmatik. Wenn man dann noch die historischen Disziplinen der Kirchengeschichte und der Patrologie nennt, fehlen zur vollständigen Lehre der Theologien eigentlich nur noch die biblisch exegetischen Studien mit ihren jeweiligen Hilfsdisziplinen, also den Sprachfächern. Mit ihrer Hilfe können dann die Heiligen Schriften ausgelegt und studiert werden, aber nicht in erbaulicher Absicht, sondern eher mit historisch-kritischen Methoden, also als Philologien, die sich in ihrer Arbeitsweise nicht von der Altphilologie oder der Orientalistik unterscheiden. Man erkennt daran: die beiden Weisen der Theologie sind sowohl in ihren Zielen wie in ihrer Methode nicht zu vergleichen.

Das hat weitreichende Konsequenzen. Geht es im Christentum immer um den rechten Glauben, so muß dieser sich ständig von dem absetzen, was er Irrlehren nennt. Wer eine solche vertritt, muß darum, wenn er sich nicht belehren läßt, als Ketzer ausgestoßen werden. Es heißt darum jeweils am Ende einer autoritativen Lehrentscheidung: Si quis dixerit (es folgt die zu verurteilende Irrlehre) anathema sit.

Das alles gibt es nicht im Judentum. Es kommt ohne Ketzer aus und ohne Verketzerung abweichender Meinungen. Hier muß niemand verbrannt werden, weil er Abweichendes lehrt, und der schlimmste Vorwurf, der einen Rabbiner mit abweichenden Meinungen treffen kann, ist der der „Ungelehrtheit"; mit anderen Worten, er wird freundlich-streng darauf hingewiesen, daß er die betreffende Frage nicht eingehend genug in der Tradition studiert hat, denn dann wäre ihm aufgegangen, daß es auch wohlbegründete andere Standpunkte gibt, und die Einseitigkeit und Schieflage seiner Stellung würde dadurch ausgeglichen.

Man sieht daran, daß es im Judentum nicht um ein falsches Denken geht, sondern um nicht gesetzestreues Handeln. Das wird nun streng juristisch beurteilt, und eine Abweichung im Denken fällt gar nicht ins Gewicht! Hier könnte man an den römischen Rechtsgrundsatz denken: minima non curat praetor. Der irrige oder sogar falsche Gedanke wird nicht be - und nicht verurteilt; was dagegen die Christen mit Gedankensünden bezeichnen, ist eine Erfindung von Neurotikern, die ihre aus der Ängstlichkeit herrührende Neurose der Kirche aufgeprägt haben. Solches Skrupulantentum kann im Judentum nicht aufkommen. Dagegen waltet eine ganz andere Form von Strenge in der Lebensführung, die etwa in der Beachtung der Speisegesetze eine für den Außenstehenden fast skurril anmutende Genauigkeit annimmt. Hier, in der rechten Praxis, ist der Kern des fälschlicherweise „orthodox" genannten traditionellen Judentums zu suchen, und nicht im Bekenntnis einer für rechtgläubig angesehenen Lehre.

Daraus folgt: Das traditionelle Judentum ist keine „Konfession", sondern eine Lebensform. Diese ist im Grunde nur in der noch intakten Gemeinschaft möglich, und der unter lauter Nichtjuden vereinzelt lebende Jude, der „deutsche Staatsbürger jüdischen Glaubens", ist eine Kunstfigur, in der sich kein eigentlicher Jude erkennen kann. Weil Judentum also unter den Bedingungen der Emanzipation nicht lebbar ist, sahen fromme Juden - und das ganz unabhängig von aller Gefahr erneuter Verfolgung - schon frühzeitig die Auswanderung als einzige Möglichkeit, diesem Dilemma zu entgehen, und zwar als Auswanderung nach Eretz Israel und als Einwanderung in die hebräische Sprache, die mehr ist als ein westsemitischer Dialekt. „Mit der Rückkehr in die alt-neue Heimat und der Gründung des Staates Israel haben die Juden die Chance erhalten, dem Gotteswort nachzuleben" (Gradwohl 33).

Vorher lebten die Juden als das Volk des Buches nicht nur aus der Thora, sondern in der Thora, und nicht nur aus dem Talmud, sondern in diesem Werk. Jahrhundertelang bildete der Talmud die transportable Heimat des gläubigen Juden, aber ebenso, wie dieses Sammelwerk ein Produkt des Exils war, so bedeutete das alleinige Vertiefen in dieses Werk ein Loslösen vom jeweiligen Aufenthaltsort und ein Einwurzeln in Gesetz und Lehre. Nicht nur deshalb, weil viele der jüdischen Frommen in den Gemeinden des Ostjudentums ohne feste Arbeit und ohne gesicherten Lebensunterhalt nur im Wort und nur im Geist lebten, wurden sie häufig „Luftmenschen" genannt. Sie hingen ja buchstäblich in der Luft, aber diese Luft war von einem Brausen des Geistes erfüllt. In dieser Begeisterung vollzog sich das nie aufhörende Gespräch über die rechte Erfüllung des Gebotes, und so waren diese Menschen eigentlich im Talmud beheimatet. Das ist die große Leistung dieser lebendigen Tradition, daß sie im Extremfall den Menschen ein Leben, und sogar ein Leben in Würde, ermöglicht, wo es eigentlich für den profanen Blick keine Lebensmöglichkeit gibt.

Wir kennen das Wort Adornos: „Es gibt kein richtiges Leben im Falschen." Wir können dem voll zustimmen: es käme einem Wunder gleich. Der Talmud aber ist dieses Wunder.

III. Der Chassidismus

Wir kommen nun zu einer ganz anderen Ausprägung des jüdischen Lebens im 20. Jahrhundert, dem Chassidismus. Dieser ist zwar nicht im 20. Jahrhundert entstanden, sondern gut 200 Jahre früher, aber er kam erst zum Bewußtsein speziell der nichtjüdischen Öffentlichkeit und damit auch zu einer Wirkung ganz eigener Art durch die lange Reihe der Veröffentlichungen von Martin Buber, die mit den „Geschichten des Rabbi Nachman" im Jahre 1906 einsetzten und über Jahrzehnte einen Einstrom jüdischer Frömmigkeit und Geistigkeit in eine unfromme und ungeistige mittel- und westeuropäische Öffentlichkeit bewirkten, den viele für das eigentliche Judentum zu halten geneigt waren.

Es ist in der Tat das Verdienst Martin Bubers, durch seine Übersetzer- und Herausgebertätigkeit einen neuen, wenn auch selber uralten, Kontinent des Geistes entdeckt und in deutscher Sprache zugänglich gemacht zu haben. Diese Leistung ist in ihrem Umfang und in ihrer Wirkung nur zu vergleichen mit der ungefähr zeitgleichen Arbeit von Karl Eugen Neumann, der die Reden Buddhas übersetzt hat, und mit der ebenso wirkungsmächtigen Übersetzungsarbeit von Richard Wilhelm, der den staunenden Lesern deutscher Zunge die chinesische Tradition und Weisheitsliteratur erschlossen hat, von Laotse über das Buch I Ging bis hin zum Buch der Sitte und den Schriften der Taoisten, nicht zu vergessen der vielen auch von ihm zum ersten Male übersetzten Gedichte und Märchen.

Einen ebenso gewaltigen Geschichten- und Märchenschatz hat Martin Buber gehoben und in klassischer deutscher Sprache zugänglich gemacht. Dieses Verdienst bleibt unbestritten, wenn auch einige kritische Anmerkungen nicht unterschlagen werden sollen. Aber auch die Sinologen vom Fach haben die Übersetzungen Richard Wilhelms kritisiert und in manchem womöglich korrigiert, und trotzdem bleiben seine Eindeutschungen ein Teil unserer klassischen Literatur. So verhält es sich auch mit den Büchern von Martin Buber. Weil es sich auch hier um einen ganzen Kontinent neu erschlossenen geistigen Lebens handelt, kann es im Rahmen dieses mehr andeutenden Referats nur um ein paar dürre allgemeine Charakterisierungen gehen, denen dann ein paar ebenso spärliche Textproben folgen sollen.

Zuvor aber ein paar noch knappere historische Bemerkungen. Als der Stifter des Chassidismus gilt der um 1700 geborene Israel ben Elieser, der den Ehrennamen Baal Schem Tob erhielt, also etwa „Herr des göttlichen Namens", der seit ca. 1740 in Miedzyborz in der Ukraine wirkte. Von ihm leiten sich mindestens sechs Generationen chassidischer Lehrer, oder sollen wir ins Geläufig-Christliche übersetzen, Heiliger, ab. Sie werden nach jüdischem Brauch meist mit ihrem Heimatort zusammen genannt, und damit kommen wir zu einer Schwierigkeit für heutige Leser: Wer kennt schon noch die vielen exotisch wirkenden Namen der

Dörfer und „Schtetl" in den östlichen Ländern, ja selbst die Namen der Landschaften und Provinzen sind uns in eine nebelhafte Ferne gerückt. Wer wüßte auf Anhieb zu sagen, wo Podolien oder Wolhynien lag, vielleicht ist gerade noch der Name der Bukowina in Erinnerung, und das durch Rose Ausländer und Paul Celan. Ich will also von Namen und Daten weitgehend absehen, zumal Martin Buber selbst sagt, daß es sich bei den vielen Zeugnissen, die er benutzt und neu gestaltet hat, keineswegs um historisch sichere oder auch nur einigermaßen faßbare Dokumente handelt. Vieles hat Buber auch seiner Kindheit, die der 1878 in Wien geborene, in Lemberg bei seinen Großeltern verlebt hat, nachdem die Ehe seiner Eltern zerbrochen war, noch aus der lebendigen mündlichen Überlieferung empfangen. So brauchen wir uns umso weniger mit historischen Angaben zu belasten, die wir ohnehin nicht nachprüfen können. Stattdessen hören wir nur diesen kurzen Abschnitt aus Bubers Einleitung zu den „Erzählungen der Chassidim" (Zürich 1949): „Die talmudische, von der Kabbala ausgebaute Lehre von der Schechina, der ‚einwohnenden Gegenwart' Gottes in der Welt, bekam einen neuen, intim-praktischen Gehalt: wenn du die unverkürzte Kraft deiner Leidenschaft auf Gottes Weltschicksal richtest, wenn du das, was du in diesem Augenblick zu tun hast, was es auch sei, zugleich mit deiner ganzen Kraft und mit solcher heiligen Intention, Kawwana, tust, einst du Gott und Schechina, Ewigkeit und Zeit. Dazu brauchst du kein Lehrkundiger, kein Weiser zu sein: nichts ist not als eine in sich einige, ungeteilt auf ihr göttliches Ziel gerichtete Menschenseele. Die Welt, in der du lebst, so wie sie ist, und nichts anderes, gewährt dir den Umgang mit Gott, ihm, der dich und das in der Welt weilende Göttliche, soweit es dir anvertraut ist, zugleich erlöst. Und deine eigene Beschaffenheit, die eben wie du bist, ist dein besonderer Zugang zu Gott, deine besondere Möglichkeit für ihn" (19).

Diese völlig außerhalb jeder Theorie und Gelehrsamkeit liegende Lebenshaltung spricht nun aus jeder der von Buber gesammelten Geschichten, wie die zufällige und sehr beschränkte Auswahl zeigen soll:

Wo wohnt Gott?
Als Rabbi Jitzchak Meïr ein kleiner Junge war, brachte ihn seine Mutter einmal zum Maggid von Kosnitz. Da fragte ihn jemand: „Jizchak Meïr, ich gebe dir einen Gulden, wenn du mir sagst, wo Gott wohnt." Er antwortete: „Und ich gebe dir zwei Gulden, wenn du mir sagen kannst, wo er nicht wohnt." (821)

Das Wichtigste
Bald nach dem Tode Rabbi Mosches von Kobryn wurde einer seiner Schüler von dem „alten Kozker", Rabbi Mendel, gefragt: „Was war für Euren Lehrer das Wichtigste?" Er besann sich, dann gab er die Antwort: „Womit er sich gerade abgab." (647)

Ein Gebet
Der Kosnitzer sprach zu Gott: „Herr der Welt, ich bitte dich, du mögest Israel erlösen. Und willst du nicht, so erlöse die Gojim." (443)

Ein anderes Gebet
Einmal sprach der Maggid von Kosnitz: „Ich stehe vor dir, Gott, wie ein Botenknabe und warte, wohin du mich schickst." (443)

Der Sinn
Als Rabbi Bunam im Sterben lag, weinte seine Frau. Er sprach: „Was weinst du? All mein Leben war ja nur dazu, daß ich sterben lerne." (771)

Ich und du
Man fragte den Radoschitzer Rabbi: „Wie ist es in der Gemara zu verstehen, daß Rabbi Schimon ben Jochai zu seinem Sohn spricht, ‚Mein Sohn, genug ist's der Welt, ich und du'?" Er antwortete: „Es bedeutet, der Wesenssinn der Schöpfung der Welt sei, daß sie sprechen: ‚Du bist unser Gott', und der Heilige, gesegnet sei Er, spricht: ‚Ich bin

der Herr, euer Gott.' Dieses Ich und Du, genug ist's daran der Welt"
(687).

An jedem Tag

Der Rabbi von Apta sprach: „Jedem Menschen von Israel ist geboten,
sich anzusehen, als stünde er am Berge Sinai, um die Thora zu
empfangen. Denn für den Menschen gibt es Vergangenes und Künf-
tiges, nicht aber für Gott: an jedem Tag gibt er die Thora." (573)

Ohne Brille

In seinen spätern Jahren litt der Kozker an schweren Augenschmerzen.
Man riet ihm, beim Lesen eine Brille zu tragen. Er aber wehrte ab. „Ich
will nicht", sagte er, „zwischen meine Augen und die heilige Thora eine
Scheidewand setzen." (802)

Die Quintessenz der Thora

Vor seinem Tode sprach Rabbi Hirsch von Rymanow Mal um Mal
die Worte aus dem Gesange Moses vor sich hin: „Ein Gott der Treue
und kein Harm". Dann sagte er: „Das ist die Quintessenz der heiligen
Thora, zu wissen, daß er ein Gott der Treue ist und daß also kein Harm
geschieht. Ihr mögt fragen: ,Wenn dem so ist, wozu dann die ganze
Thora? Es würde doch genügen, Gott hätte am Sinai den einen Vers
gesagt.' Die Antwort ist: kein Mensch kann dies Eine erfassen, ehe er
die ganze Thora gelernt und geübt hat." (605 f.)

Jeder hat seinen Ort

Man fragte Rabbi Abraham Jaakob: „Unsere Weisen sagen: ,Kein Ding,
das seinen Ort nicht hätte.' Es hat also auch der Mensch seinen Ort.
Warum ist dann den Leuten zuweilen so eng?" Er antwortete: „Weil
jeder den Ort des andern besetzen will." (516)

Die Frage der Fragen

Vor dem Ende sprach Rabbi Sussja: „In der kommenden Welt wird man mich nicht fragen: ‚Warum bist du nicht Mose gewesen?‘ Man wird mich fragen: ‚Warum bist du nicht Sussja gewesen?‘“ (394)

Die Pferde
Wenn Rabbi Wolf zu Wagen fuhr, erlaubte er nicht, die Pferde zu schlagen. „Nicht einmal zu schelten brauchst du sie“, belehrte er den Fuhrmann, „wenn du sie nur anzureden verstehst“. (272)

Gottes Wohnung
„Wo wohnt Gott?“ Mit dieser Frage überraschte der Kozker einige gelehrte Männer, die bei ihm zu Gast waren. Sie lachten über ihn: „Wie redet Ihr! Ist doch die Welt seiner Herrlichkeit voll“. Er aber beantwortete die eigene Frage: „Gott wohnt, wo man ihn einläßt.“ (784 f.)

Gib und nimm
Rabbi Jizchek Eisik sprach: „Die Losung des Lebens ist: ‚Gib und nimm‘. Jeder Mensch soll ein Spender und Empfänger sein. Wer nicht beides in einem ist, der ist ein unfruchtbarer Baum.“ (709)

Alle und jeder
Rabbi Bunam sagte einmal: „Wenn am Sabbat meine Stube voller Leute ist, wird es mir schwer, Worte der Lehre zu sprechen. Denn jeder bedarf seiner eigenen Lehre, jeder soll in seiner Lehre vollendet werden, und was ich allen zuteile, entziehe ich jedem von ihnen.“ (744)

Von draußen
Man fragte den Kozker Rabbi, woher er die Chassidim, die zu ihm kamen, in ihren Geschäften zu beraten verstehe, da er doch außerhalb all dieses Getriebes stünde. Er erwiderte: „Von wo aus kann man ein Ding in seiner Ganzheit am besten überblicken?“ (781)

Zum Leuchten
Rabbi Mosche, der Sohn des Kosnitzer Maggids, sprach: „Es steht geschrieben (Ex 27,20): ‚Öl von Oliven, lautres, gestoßnes zum Leuchten.‘ Gepreßt und zerstoßen soll man sein, aber zum Leuchten und nicht zum Liegen!" (651)

Schauen
In den Tagen vor dem Sterben fragte der Raw seinen Enkel: „Siehst du etwas?" Der blickte ihn erstaunt an. „Ich", sagte der Raw, „sehe nur noch das göttliche Nichts, das die Welt belebt." (421)

Eine gelehrte und durchaus kritische Leserin schrieb dazu: „Bubers große Schau des Chassidismus läßt sich in einem Wort zusammenfassen: Im Chassidismus wird die Kluft zwischen Gott und der Welt geschlossen." (Riwka Schatz-Uffenheimer, in: Martin Buber, Stuttgart 1963, S. 276). Aus ihrer im ganzen höchst kritischen Würdigung möchte ich nur dies anführen: Man hatte über die Chassidim gesagt: „Sie freuen sich über die Leiden"(...) Das Gegenteil der Freude ist die Traurigkeit, und die Ablehnung der letzteren erwächst nicht aus Liebe zum Leben, sondern aus Liebe zu Gott und aus der Würdigung des Platzes, den der „Dienst an Gott" im Chassidismus einnimmt.
Mit anderen Worten: die Traurigkeit lenkt den Menschen von seinem Hauptziel ab und wirft ihn zurück auf die Beschäftigung mit sich selbst. Es gibt also keinen böseren Trieb als den, der den Menschen mit sich selbst beschäftigen läßt (...) Aus diesem Grunde ist auch die Asketik verboten, da diese den Menschen zu Selbstüberhebung verführen kann, während doch der Chassid betet: „Hilf mir, daß die Menschen nichts von meinem Tun erfahren" (S. 292). Fällt von hier aus vielleicht ein Licht auf den Umgang mit der Depression?
Schließlich bleibt noch die Frage nach dem literarischen Charakter der ganzen Sammlung. Buber nimmt selbst nicht in Anspruch, eine wissenschaftliche Darstellung der chassidischen Bewegung gegeben zu haben, und er schaltet sehr frei mit seinen Quellen. Trotzdem

würde man ihm Unrecht tun, wenn man diese von ihm erzählten und geformten Geschichten nur erbaulich nähme. Sie geben durchaus eine Wirklichkeit wieder, aber in mehrfacher Gebrochenheit und Spiegelung. Aber nicht alles, was historisch nicht greifbar ist, ist darum auch schon nichtig. Sicher, wenn man eine „Entmythologisierung" der chassidischen Erzählungen versuchen wollte, bliebe nicht viel übrig. Aber beeinträchtigt das ihre Wirkung?

Vielleicht muß man sehr weit oben ansetzen, um zu einem Verständnis und einer Würdigung dieser verhallenden Zeugnisse einer untergegangenen Welt zu gelangen.

Fragen wir darum ungescheut: Was unterscheidet eigentlich diese Texte von den Evangelien und anderen heiligen Schriften? Der Unterschied ist doch wohl nur, daß wir Buber kennen, den oder die Verfasser des Johannesevangeliums, der Johannes-Briefe oder gar der Johannes-Apokalypse nicht.

Wir meinen doch auch nicht, in den Reden Buddhas die stenographischen Mitschriften von Lehrreden an seine Mönche vor uns zu haben. Auch hier ist historisch so gut wie nichts greifbar, und es ist doch in einem ganz eigenen Sinne wahr.

Selbst wenn die erwähnte Kritikerin recht hätte - und es spricht sogar vieles dafür, daß Buber hartnäckig an manchen Gedanken der Chassidim vorbeigesehen und nur das in seine Sammlung aufgenommen hätte, was zu seinem vorgefaßten Bild paßte, wäre ihm daraus ein Vorwurf zu machen?

Daß Buber im neuzeitlich-mitteleuropäischen Sinne wissenschaftlich gebildet war, wird niemand bestreiten. Aber mußte er davon immer Gebrauch machen? Wie, wenn es hier seiner Hauptabsicht geradezu widersprochen hätte, Wissenschaft zu geben, und nicht den letzten Widerschein eines vergangenen frommen Lebens?

Wie sollen wir aber dann den Autor nennen, wenn er nicht der Historiker des Chassidismus war und es auch gar nicht sein wollte?

Wenn man schon mit guten Gründen seine Sammlung der Chassidischen Geschichten neben die anderen großen Heiligen Schriften stellen möchte, die in der Weltliteratur eine eigene Gattung bilden, dann darf man ihm getrost die Absicht unterstellen, in gleicher Weise wie die Lehrer des Alten und Neuen Testaments als Künder zu wirken.

IV. Die Theologie der Shoah

Bei aller Freude, die die chassidischen Geschichten in jedem Leser auslösen können, der sich geduldig und ehrfürchtig in sie vertieft, darf doch niemals vergessen werden, daß jüdisches Leben keine Idylle darstellt, und das zu keiner Zeit. Man darf niemals die Einsicht aus den Augen verlieren, die ein alter Zeuge so formuliert hat: „Es ist furchtbar, in die Hände des lebendigen Gottes zu fallen." (Hebr. 10,31).

Die unbegreifliche Katastrophe, die in diesem Jahrhundert über das Volk Israel hereingebrochen ist, hat Dichter zu stammelnder Rede gedrängt, eine Flut historischer Untersuchungen hervorgebracht, aber jeden Versuch eines Verstehens im Ansatz verstummen lassen. Dabei verwundert es nicht, daß aus der Generation der Überlebenden die wenigsten Stimmen kamen, hat es ihnen doch eher die Sprache verschlagen, und von den Tätern wird man wohl am Wenigsten eine Erklärung erwarten. Auch wenn der ganze Eichmann-Prozeß Wort für Wort festgehalten ist, wird man doch daraus keinen Aufschluß gewinnen. Von der ganzen Armseligkeit, die da zutage trat, hat Hannah Arendt noch die zutreffendste Bezeichnung gegeben, wenn sie von der Banalität des Bösen sprach. Aber das ist nur die Außenseite.

Gibt es eine Möglichkeit, gewissermaßen in das Innere des dunklen Mysteriums einzudringen, und läßt sich eine Sprache finden, in der das Furchtbare gefaßt und mit menschlichen Argumenten hin- und hergewendet werden kann?

Aufschluß über das Mysterium, soweit es überhaupt in Sprache zu fassen ist, erwartet man von jeher von der Theologie. Welche Hilfe können wir in dieser Frage von unabsehbarer Tiefe von einem Denken erwarten, das im Letzten doch auch Menschenwerk bleiben muß und damit noch vor dem Tor stehen bleibt?

Die Frage ist also an die Theologie des Judentums zu richten. Hier aber zeigt sich der überraschende Befund, daß das Judentum in theologischer Hinsicht äußerst karg ist. Die schriftliche Überlieferung spart die eigentliche Theologie geradezu aus. Das umfangreiche Sammelwerk, das die talmudischen Schriften darstellt, ist in keiner Weise mit den theologischen Summen des Mittelalters zu vergleichen.

Wir finden darin fast nur Sitte, Brauch, Ritus und Recht. Die Theologie ist gleichsam an den Rand gedrängt, und sie findet sich nur in Gestalt der Kabbala und dort wiederum in einer solchen Sprache, die vor der großen Forscher- und Übersetzertätigkeit von Gershom Scholem schier unverständlich war und nicht wenigen Juden, die sich überhaupt damit befaßt hatten, eher peinlich schien.

Nun ist aber der Weg zu der lange verleugneten und verschütteten Überlieferung für jeden, der die Mühe nicht scheut, wieder begehbar. Hans Jonas ist diesen Weg gegangen in seinem tastenden Versuch, „Der Gottesbegriff nach Auschwitz" (zuerst 1984, jetzt zugänglich bei Suhrkamp, st 1516, 1987). Ich will versuchen, einige Gedanken aus dieser Schrift nachzuzeichnen.

Hans Jonas, 1903 in Mönchengladbach geboren, starb im Februar 1993 in New York. Er war Schüler Heideggers und Bultmanns, möchte aber als neuzeitlicher, durch die Aufklärung gegangener Denker auch vor den kritischen Blicken Immanuel Kants bestehen. Er nimmt darum seinen Gedanken nicht nur ernst, daß ein Gottesbeweis nicht möglich sei, sondern er stellt ihn an den Anfang seiner Überlegungen. Das hindere jedoch nicht daran, am Gottesbegriff zu arbeiten. Ebendies hat er sich zum Ziel gemacht, wenn er nach dem Gottesbegriff nach Auschwitz fragt. Er sagt: „Die Hiobsfrage war seit je die Hauptfrage der Theodizee – der allgemeinen wegen der Existenz des Übels in der Welt überhaupt, der besonderen in der Verschärfung durch das Rätsel der Erwählung, des angeblichen Bundes zwischen Israel und seinem Gott" (10).

Angesichts des massenhaften Mordes an den Angehörigen des Gottesvolkes stellt sich nun die Frage nach dem Gott des Bundes in äußerster

Schärfe. Bevor Jonas ihr mit allem verfügbaren Mut nähertritt, macht er eine Zwischenbemerkung: „daß bei dieser Frage der Jude theologisch in einer schwierigeren Lage ist als der Christ. Denn für den Christen, der das wahre Heil vom Jenseits erwartet, ist diese Welt ohnehin weitgehend des Teufels (...). Aber für den Juden, der im Diesseits den Ort der göttlichen Schöpfung, Gerechtigkeit und Erlösung sieht, ist Gott eminent der Herr der Geschichte, und da stellt Auschwitz selbst für den Gläubigen den ganzen überlieferten Gottesbegriff in Frage". (14)

Jonas greift nun auf einen älteren Versuch zurück, seine Arbeit „Zwischen Nichts und Ewigkeit", Göttingen 1963, S. 55 ff., und gibt zunächst den dort entfalteten Mythos wieder: Im Anfang, aus unerkennbarer Wahl, entschied der göttliche Grund des Seins, sich dem Zufall, dem Wagnis und der endlosen Mannigfaltigkeit des Werdens anheimzugeben. (...) Da sie einging in das Abenteuer von Raum und Zeit, hielt die Gottheit nichts von sich zurück; kein unergriffener und immuner Teil von ihr blieb, um die umwegige Ausformung ihres Schicksals in der Schöpfung von jenseits her zu lenken, zu berichtigen und letztlich zu garantieren. (...) die Welt als sich selbst überlassen zu sehen, ihre Gesetze als keine Einmischung duldend, und die Strenge unserer Zugehörigkeit als durch keine außerweltliche Vorsehung gemildert. (...) damit Welt sei, und für sich selbst sei, entsagte Gott seinem eigenen Sein, er entkleidete sich seiner Gottheit, um sie zurück zu empfangen von der Odyssee der Zeit, beladen mit der Zufallsernte unvorhersehbarer zeitlicher Erfahrung (...). (...) In solcher Selbstpreisgabe göttlicher Integrität um des vorbehaltlosen Werdens willen, kann kein anderes Vorwissen zugestanden werden als das der Möglichkeiten, die kosmisches Sein durch seine eigenen Bedingungen gewährt: Eben diesen Bedingungen lieferte Gott seine Sache aus, da er sich entäußerte zugunsten der Welt." (15-17).

Eine neue Schwierigkeit ergibt sich durch den Menschen. Jonas schreibt: „Die Heraufkunft des Menschen bedeutet die Heraufkunft von Wissen und Freiheit (...)" (22). „Mit dem Erscheinen des Menschen erwachte die Transzendenz zu sich selbst und begleitet hinfort sein

Tun mit angehaltenem Atem, hoffend und werbend, mit Freude und Enttäuschung (...)" (23).

Jonas kommt nun zu den theologischen Implikationen seines eigenen Mythos, die er sich nach seinem Eingeständnis erst nach und nach klarmachte. (24).

So habe er zuerst von einem leidenden Gott gesprochen – „was unmittelbar in Widerspruch zur biblischen Vorstellung göttlicher Majestät zu stehen scheint" (25).

„Sodann (...) zeichnet der Mythos das Bild eines werdenden Gottes. Es ist ein Gott, der in der Zeit hervorgeht, anstatt ein vollständiges Sein zu besitzen, das mit sich identisch bleibt durch die Ewigkeit" (26 f.)

Damit wendet er sich ab vom Gottesbild einer aristotelisch geprägten Theologie, die „Transtemporalität, Immutabilität, Impassibilität zu notwendigen Attributen Gottes erklärt" (27).

Beiläufig wird gestreift, daß die Idee eines werdenden Gottes auch Nietzsches Gedanken einer Wiederkehr des Gleichen zerstört (29).

Er geht aber noch weiter: „Eng verbunden mit den Begriffen eines leidenden und eines werdenden Gottes ist der eines sich sorgenden Gottes - eines Gottes, der nicht fern und abgelöst und in-sich-beschlossen, sondern verwickelt ist in das, worum er sich sorgt" (31). Woraus auch folgt, daß er kein Zauberer ist" (ebd.)

Damit kommt er zu dem kritischsten Punkt: „Dies ist nicht ein allmächtiger Gott" (33). „In der Tat behaupten wir (...), daß wir die althergebrachte (mittelalterliche) Doktrin absoluter, unbegrenzter göttlicher Macht nicht aufrechterhalten können" (ebd.). Möglich wird ein solcher Begriff nur „durch den Selbstverzicht der grenzenlosen Macht - eben im Akt der Schöpfung" (36).

Jonas kommt nun zu den für ein traditionelles Verständnis vielleicht anstößigsten Aussagen. Er sagt: „die drei Attribute (...) – absolute Güte, absolute Macht und Verstehbarkeit - stehen in einem solchen Verhältnis, daß jede Verbindung von zweien von ihnen das dritte ausschließt." (37) Die Frage ist nun, welche Wahl er trifft.

Er sagt: „Der deus absconditus (...) ist eine zutiefst unjüdische Vorstellung. Unsere Lehre, die Thora, beruht darin und besteht darauf, daß wir Gott verstehen können, nicht vollständig natürlich, aber etwas von ihm (...). Es hat Offenbarung gegeben, wir besitzen seine Gebote und sein Gesetz, und manchen - seinen Propheten - hat er sich direkt mitgeteilt (...)" (38f.). Jonas besteht darauf: „Ein gänzlich verborgener, unverständlicher Gott ist ein unannehmbarer Begriff nach jüdischer Norm." (39) „Genau das müßte er sein, wenn ihm zusammen mit Allgüte auch Allmacht zugeschrieben würde. Nach Auschwitz können wir mit größerer Entschiedenheit als je zuvor behaupten, daß eine allmächtige Gottheit entweder nicht allgütig oder (...) total unverständlich wäre (39). Angesichts des furchtbaren Geschehens nun bleibt keine andere Feststellung als diese: „Aber Gott schwieg" (41). „Und da sage ich nun: nicht weil er nicht wollte, sondern weil er nicht konnte, griff er nicht ein" (ebd.)

Das ist, in äußerster Klarheit ausgesprochen, die Grundannahme der Schrift von Hans Jonas, und alles hängt davon ab, ob man ihm auch in seinem Erklärungsversuch folgen mag.

Eine Erklärung schließt er aus: „kein manichäischer Dualismus wird bemüht zur Erklärung des Bösen, aus den Herzen der Menschen allein steigt es auf und gewinnt es Macht in der Welt" (43).

In zwei Gedankenschritten gibt nun Jonas seine Erklärung: „Nur mit der Schöpfung aus dem Nichts haben wir die Einheit des göttlichen Prinzips zusammen mit seiner Selbstbeschränkung, die Raum gibt für die Existenz und Autonomie einer Welt. (...)

Und da erinnern wir uns, daß auch die jüdische Überlieferung nicht so monolithisch in Dingen der göttlichen Souveränität ist, wie offizielle Lehre es erscheinen läßt. Die mächtige Unterströmung der Kabbala (...) weiß von einem Schicksal Gottes, dem er sich mit der Weltwerdung unterzog (...). Dies wird ausgesprochen in „der Idee des Zimzum, diesem kosmogonischen Zentralbegriff, der Lurianischen Kabbala. Zimzum bedeutet Kontraktion, Rückzug, Selbsteinschränkung. Um Raum zu machen für die Welt, mußte der En-Sof des Anfangs, der

Unendliche, sich in sich selbst zusammenziehen, und so außer sich die Leere, das Nichts entstehen lassen, in dem und aus dem er die Welt schaffen konnte." (45 f.).

Diese überaus kühne Aktualisierung jenes alten kabbalistischen Gedankens gipfelt in diesen Thesen: „Verzichtend auf seine eigene Unverletzlichkeit erlaubte der ewige Grund der Welt zu sein. Dieser Selbstverneinung schuldet alle Kreatur ihr Dasein und hat mit ihm empfangen, was es vom Jenseits zu empfangen gab. Nachdem er sich ganz in die werdende Welt hineingab, hat Gott nichts mehr zu geben: Jetzt ist es am Menschen, ihm zu geben. Und er kann dies tun, indem er in den Wegen seines Lebens darauf sieht, daß es nicht geschehe, oder nicht zu oft geschehe, und nicht seinetwegen, daß es Gott um das Werdenlassen der Welt gereuen muß." (47).

Soweit also die fromme Rede von Gott, die nach des Autors eigenem Geständnis nur ein Stammeln ist, die aber wohl jedem der traditionellen Lehre Verpflichteten wie eine Blasphemie klingen muß. Sie ist aber nicht blasphemischer als alle andere mystische Rede seit eh und je war - weshalb sie immer die heftige Gegenwehr derjenigen erregte, die sich im sicheren Besitz der Wahrheit glaubten. Halten wir noch dies fest: Hans Jonas spricht nicht abstrakt vom Holocaust, wie neuerdings das verhüllende Wort lautet; er spricht auch vom Schicksal seiner Mutter.

Gershom Scholem – Der Weg nach Zion

„Wenn ich mal nichts werde, soll es mich selber nicht wundern; ich verträume mich eben immer in Welten und Zeiten, die es nicht gibt oder die schon vorüber sind. Was werde ich wohl sagen, wenn ich diese Zeilen in zwanzig Jahren lese?" Der hier so kleinmütig und verzagt im Februar 1913 in sein Tagebuch schrieb, sollte gleichwohl der bedeutendste jüdische Religionswissenschaftler des zwanzigsten Jahrhunderts werden: Gershom Scholem (1897-1982).

Der Leser seiner über ein Jahrzehnt geführten Tagebucheintragungen erfährt mit Staunen, wie dieser junge Mensch mit großer Sicherheit auf sein Ziel zuging, das nicht nur den Gipfel der jüdischen Gelehrsamkeit bedeutet, sondern darüber hinaus ins Zentrum der religionsphilosophischen und theologischen Fragestellungen überhaupt führt. Er hat nicht nur ein vor ihm fast brachliegendes Feld der Forschung neu erschlossen, sondern die einzigartigen Leistungen der jüdischen Überlieferung, der Kabbala, für das philosophische und theologische Denken wiedergewonnen und der wissenschaftlichen Öffentlichkeit durch Edition, Übersetzung und Interpretation von gänzlich verschollenen oder weithin verschlossenen Quellenschriften zugänglich gemacht. Diese sind nicht nur für das Judentum von größter Bedeutung. Wo anders als in jahrhundertealten Schriften dieser verschütteten Tradition findet sich eine überzeugende Deutung der Schöpfung aus dem Nichts, der Natur des Bösen und der Beziehungen der Sprache zu den Namen Gottes? Was hier in dürren Worten behauptet wird, kann freilich nur aus den wissenschaftlichen Hauptschriften dieses Autors überzeugend dargelegt werden. Das kann dieses Referat nicht leisten. Hier soll nur das entscheidende Jahrzehnt in der Entwicklung dieses großen Gelehrten nachgezeichnet werden. Er selbst muß diese Zeit schon früh für bedeutsam gehalten haben, und er hat sich in fast täglichen, ausführlichen und rückhaltlos offenen Eintragungen darüber Rechenschaft abgelegt. Er wird dabei auch das Exemplarische seiner Existenz empfunden haben, ohne jedoch an eine Veröffentlichung zu

denken. Dieses ist dann auch erst nach seinem Tod in zwei umfangreichen Bänden in den Jahren 1995 und 2000 erfolgt, die, sorgfältig ediert
und kommentiert, trotz mancher Kürzungen um rein private Inhalte,
fast 1.300 Seiten umfassen.

An weiteren Zeugnissen wären noch der über Jahrzehnte geführte
Briefwechsel mit seiner Mutter heranzuziehen, der erste Band seines
allgemeinen Briefwechsels, der auch schon vorliegt (1994), sowie die
Geschichte seiner Freundschaft mit Walter Benjamin, die Scholem
bereits im Jahre 1975 veröffentlicht hat, dazu seine unter dem Titel
„Von Berlin nach Jerusalem" 1977 erschienenen Jugenderinnerungen,
die hier als Ergänzung zu seinen Tagebuchaufzeichnungen herangezogen
werden. Bei dieser Fülle an Selbstzeugnissen wird man vielleicht nicht
als großen Mangel empfinden, daß Scholem während seiner kurzen
Zeit des Militärdienstes im Ersten Weltkrieg nichts aufgezeichnet hat,
konnte er doch die Armee bald wieder verlassen und sich seinen Studien
widmen. Aber auch über die wichtigste menschliche Begegnung dieser
Jahre, diejenige mit Walter Benjamin, soll hier nicht näher berichtet
werden, zumal darüber das erwähnte Buch von Scholem vorliegt. Es
sollen hier nur einige Stationen der inneren Entwicklung des jungen
Scholem erwähnt werden, die ihn um die Mitte seines dritten Jahr-
zehnts zu seinem erstrebten Ziel geführt haben. Das ist ohnehin mehr,
als in einem kurzen Vortrag bewältigt werden kann.

Ziel und Begrenzung dieses Versuchs kann also in Abwandlung eines
Titels von James Joyce so benannt werden: A Portrait of the Scholar as
a Young Man.

Gerhard Scholem wurde am 5. Dezember 1887 in Altberlin geboren
„an der Friedrichsgracht, nicht weit vom Spittelmarkt", also im südli-
chen Teil der Spreeinsel, und seine Familie war schon seit drei Generationen in Berlin ansässig. „Sie hatte den Weg von der traditionell-or-
thodoxen Lebensweise der schlesischen und posenschen Juden, die die
überwältigende Majorität der Berliner Judenschaft bildeten, bis zur
weitgehenden Assimilation an die Lebensart der Umgebung zurückge-
legt" (BJ 11). Die Urgroßmutter betrieb noch ein koscheres Speisehaus,

aber schon der Großvater hatte eine und später zwei Buchdruckereien in Berlin. Der Vater, Arthur Scholem, hatte eine Zeitlang in England gelebt, und er war offenbar sehr geschäftstüchtig. So bestand später, während des Weltkrieges und der damit verbundenen ausufernden Verwaltungstätigkeit ein wichtigerer Bereich seiner Arbeit im Drucken von Formularen für die Behörden, die damals mit Lebensmittelkarten und Bezugsscheinen den Mangel verwalteten. Allerdings hatte damals schon die Mutter, Betty Scholem, weitgehend die Leitung des Betriebes übernommen, weil der Vater herzkrank wurde, viel auf Kuren war und sich später ganz aus dem Geschäft zurückziehen mußte, das dann von den beiden ältesten Söhne übernommen wurde. Auch diese hatten lange im Ausland zugebracht, so daß für den Jüngsten nur noch der Bruder Werner als Gesprächs- und Streitpartner zurückblieb. Allerdings ging auch dieser später in ein Internat nach Hannover, wo er Schulkamerad Ernst Jüngers wurde. Damit blieb allein der Jüngste, Gerhard, in der mütterlichen Obhut und wurde anscheinend ausgiebig verwöhnt.

Das Verhältnis von Mutter und Sohn gestaltete sich geradezu als Lehrbuchfall im Sinne der bekannten Thesen von C.G. Jung, und es trifft auch hier dessen Satz zu: „Für den Sohn steckt in der Übermacht der Mutter die Anima, welche manchmal zeitlebens eine sentimentale Bindung hinterläßt und das Schicksal des Mannes aufs schwerste beeinträchtigt oder umgekehrt seinen Mut zu kühnsten Taten beflügelt." (GW 9,1, § 61). Hier kann man aber von einer rundweg positiven Anima-Beziehung sprechen, die sich später bewährte, als der heftige Konflikt mit dem Vater ausbrach, der zum zeitweiligen Bruch zwischen Vater und Sohn führte. Der Grund war politischer Natur und hing auch mit der entschiedenen Hinwendung Scholems zum Judentum zusammen.

„Meine Eltern hatten in ihrer Kindheit noch hebräisch lesen gelernt, und meine Mutter, die das schon vergessen hatte, überraschte mich, als ich selber hebräisch zu lernen und die Synagoge zu besuchen begann, damit, daß sie (...) den vollständigen Text des wichtigsten jüdischen Gebetes, das sechs Verse aus dem Deuteronomium umfassende Schma

Jisrael, das jüdische Credo, auswendig völlig fehlerfrei (...) deklamierte, obwohl sie keine Ahnung hatte, was der Inhalt war" (BJ 21).

Damals war das Einhalten der Feiertage, das Fasten und der Besuch der Synagoge von der Familie Scholem schon weitgehend aufgegeben worden, und sie war tatsächlich auf dem Weg der Assimilation, als allein der Jüngste Sproß sich energisch wieder in die jüdische Tradition einzuleben begann, ohne allerdings die orthodoxe Lebensweise anzunehmen, was er auch später nicht tat.

Als die Familie in seinem neunten Lebensjahr in die nur wenige Minuten entfernte Neue Grünstraße umzog, konnte er weiterhin dieselbe Schule besuchen, das Luisenstädtische Realgymnasium in der Sebastianstraße. Dort lernte er neun Jahre lang Latein, aber zu seinem Bedauern kein Griechisch. Er hat das dann nachgeholt. Die Schule bereitete ihm keine Schwierigkeiten – bis zum Hinauswurf; aber diese Geschichte ist später zu erzählen. Bezeichnend für den jungen Scholem ist aber auch dieser Zug: „Der Berlinische Dialekt dieser Viertel war noch ganz ungebrochen und gefiel mir um so mehr, als seine Verwendung am Familientisch streng verboten war. Den Berliner Tonfall habe ich durch alle Wandlungen meines Lebens hindurch beibehalten" (BJ 23).

Sein Hebräisch, das er später geläufig sprach, mit diesem Berliner Zungenschlag, muß eine hinreißende Sprache ergeben haben.- Vorläufig war aber die Familie um eine ganz andere Bildung bemüht: die klassisch-deutsche. Er wurde in den Wilhelm Tell geführt und sah Fritzi Massari in einer Operette, „die einzige, die ich in Deutschland vor meiner Auswanderung überhaupt besucht habe" (BJ 25). Die damals geläufigen Operettenschlager lernte er freilich von Grammophonplatten und beim Schlittschuhlaufen, und er schreibt: „In meinem Gedächtnis, das eine unglaubliche Aufnahmefähigkeit für alle überflüssigen Dinge entwickelte, die mir leider geblieben ist, liegen heute noch einige davon, die ich vor mich hinträllere (...). Leider ist es mir nie gelungen, dem Engel zu begegnen, der mir diese und ähnliche Gedächtnisinhalte gegen weit wünschenswertere ausgetauscht hätte" (ebd.).

Was man so die Hochkultur nennt, konnte jedenfalls kaum das Interesse des jungen Scholem erregen: „In der Theaterstadt München, in der ich zweieinhalb Jahre verbracht habe, bin ich sage und schreibe zweimal in einem Theater gewesen" (26).

Viel mehr als dieses zogen ihn die Flimmerkisten an, wie die Berliner damals die Kinos nannten, und auch aus der deutschen Literatur traf er für sich eine höchst persönliche Auswahl: Jean Paul, Lichtenberg, Paul Scheerbart, später Kafka. Das reichte ihm. Ist es da verwunderlich, daß der hochbegabte junge Mann eher selbst zum Dichter wurde? Mit 17 Jahren schreibt er über seine Reiseeindrücke im Gebirge: „Einsamkeit! Ein hohes Lied mochte ich ihr singen, zwischen den Bergen stehend, (...). Wer einmal im Hochgebirge gewandert ist, ohne Weg und Steg, über Geröllhalden und Schneefelder, die Berge zu Brüdern und den Himmel zum Vater, durch Nebel zum Licht empor, abgeschieden von dem weitverzweigten Baume der Gemeinschaft, der kennt die Gedanken, die dann aufsteigen. Der begreift, warum Moses die Lehre herabbringen mußte aus der Wüstenei des Gebirges (…) der begreift, warum die Großen im Geist in die Einsamkeit gingen, obwohl sie es geistig doch schon waren. - Auf den Bergen wohnt Gott. Nicht der Gott, dem sie die Welt auf die Schultern luden, weil sie ihnen zu schwer war, aber der Gott des Erlebens, das ist der Gott des Mythos, jener Gott, mit dem man ringt, bis er einen segnet, und den man erlöst, indem man ihn lebt I, 34 f.)

In diesem Stil geht es noch ein paar Seiten weiter, und die sprachliche Unbeholfenheit kann nicht darüber hinwegtäuschen, daß da ein junger jüdischer Mensch auf dem Weg zur Mystik ist. Sie sollte sein Lebensinhalt werden – als Gegenstand der Forschung, gewiß, aber trotz aller Verhaltenheit im Ausdruck, in allen Fragen der persönlichen Religiosität, die jüdischen und nichtjüdischen Berlinern eignet, ist seine Ergriffenheit durchaus spürbar. – Zugleich soll aber auf einen typischen Zug hingewiesen werden: die wilde Natur der Alpen, die den allenfalls an den Anblick der Müggelberge gewöhnten Berliner beeindruckt, erinnert ihn sofort an Stellen aus der Heiligen Schrift. Auch im Gebirge bleibt Scholem an das geschriebene, gehörte und gedruckte Wort des Bibeltextes gebunden. Die Rede vom „Volk des Buches" besteht zu recht.

Sieht sich Scholem als Einsamen und als Suchenden, so mußte er über kurz oder lang auf jenen verwandten Geist stoßen, der ihm vorangegangen war, und so notiert er: „Sören Kierkegaard: Ich suche und finde ihn! (...) Ein Gottsucher! Wenige haben so ungeheures religiöses Gefühl gehabt wie er - nicht Pietät, i.e. sinnlose Religiosität (...). Augustinus, Franz von Assisi, vielleicht Meister Ekkehard (...), Kierkegaard und Tolstoi sind wohl die einzigen Christen nach Jesus. Alles andere ist Unfug" (I,41).

Und weiter: „Irgendwo sagt einer, Kierkegaard sei alttestamentlich. Das kann stimmen. Er ist unbedingt. (...) Er hat gewagt, wieder Forderungen zu erheben, die auf Erneuerung des Geistes hinauslaufen. Er ist der Tod des Rationalismus" (ebd.) Nicht lange, und er wird selbst solche Forderungen erheben, die ihn folgerichtig zum Bruch mit der jüdischen Jugendbewegung veranlassen. Er schreibt: „Unter jüdischer Jugendbewegung verstehe ich dies: daß junge Menschen in ihrer Ganzheit sich nach Zion zu bewegen. Dies ist der entscheidende Begriff: der der Ganzheit" (I,321). Diese Ganzheit konkretisiert sich dann für Scholem noch einmal in der Sprache; das wird noch näher auszuführen sein.

Vorerst bleiben ihm aber auch die ständigen Begleiter des Einsamen nicht erspart, die Selbstzweifel: „Ich möchte beten können, aber ich kann es nicht. Ich merke es jedesmal. Wer sah mich schon in der Synagoge beten?" (42). „Ich predige den Chassidismus, Die Mystik, Buber, den Sozialismus als neue Religiosität, aber ich weiß nicht, wo Gott wohnt, von dem ich rede, und ich weiß nicht, ob er da ist. Ich kann nicht einmal sagen, ich glaube. Nein, ich hoffe nur" (ebd.). Im nächsten Satz bedauert er, nun wieder ganz der achtzehnjährige Jüngling, daß es ihm an dichterischer Begabung fehlt, seine Freundin Jettka anzudichten. Damit ist der erste von vielen Mädchennamen gefallen, die Scholem in seinem Tagebuch erwähnt, und die er alle einmal heftig angeschwärmt hat. Man tut dem angehenden Erforscher der jüdischen Mystik keinesfalls Unrecht, wenn man ihn auf gut Berlinisch einen Poussierstengel nennt. Er hat allerdings noch vor seiner Auswanderung die Gefährtin gefunden, mit der er für Jahrzehnte verbunden blieb. Er hat also, mit Kierkegaard zu reden, schon bald aus „ästhetischem Stadium" in das „ethische Stadium gefunden, und vom dem „religiösen Stadium" zeugt sein gesamtes Lebenswerk.

Noch in der Jugend schreibt er: „Ich stelle es mir so schön vor, einmal meinen Kindern die Schönheit unserer so vielgeschmähten - und von den Orthodoxen so furchtbar mißbrauchten – Gebräuche zu zeigen. Wenn meine Frau gegen Abend die Lichter anbrennt und den Segen über sie spricht. Und ich komme nach Hause und lege meine Hände auf die kleinen Köpfchen, schwarz wie die Nacht, und mache Kiddusch" (48f.).

Leider blieb ihm dieses Glück in zwei Ehen versagt. – Seine Beziehung zum Judentum bleibt aber nicht in der Schwärmerei für schöne Gebräuche stehen, sondern geht zu den Quellen: „Ich lese in der Bibel. Und es gibt kein Buch auf der weiten Welt, in dem ich mehr lese. Und jedesmal macht es neuen Eindruck. Dabei lese ich so ziemlich immer dieselben Stellen. Den zweiten Jesaja – meinen größten Liebling -, den Anfang des Jesaja, die Thora (…), Jeremia usw. Aber der zweite Jesaja geht über alle. Ich möchte sagen, er ist der Prophet unseres neuen Judentums" (I,51). Wieder kommen ihm dichterische Anwandlungen: einen „Judenzarathustra" möchte er schreiben (52).

Es wurde dann Besseres.- Zunächst aber bleibt er hin- und hergerissen. So hört er die Glocken der katholischen St. Michaelskirche und meditiert: „Dachte über die Möglichkeit der jenseitigen Welt nach. Manchmal weiß ich wirklich nicht, wie man sich dazu stellen soll. Glauben tue ich jedenfalls nicht daran. Unmöglich ist sie nicht, aber sie geht uns nichts an. Wir sind für die Erde geschaffen und haben schon allzulange auf sie verzichtet" (54). Man wird nicht fehlgehen, wenn man hier schon an das Land Israel denkt.

Während er bienenfleißig Heft um Heft mit seinen Aufzeichnungen füllt, kommen ihm auch Zweifel an der Sinnhaftigkeit dieser Übung: „Was gehen mich die blödsinnigen Alltäglichkeiten meines Lebens an (…)?" (60) Ihn bewegen ganz andere Fragen. Mit dem Pathos eines Rufers in der Wüste schreibt er: „Wehe denen, die da Kultur an sich gesogen haben und Bildung (…). Es ist dies eure Todeskrankheit, ihr vom Hause Israel, daß ihr zuviel der Bildung habt. Ihr seid Orientalen und nicht Europäer, nicht Deutsche und Dekadente (…). Ihr sollt fortgehen, die ihr Europa satt bekommen habt, spricht euer Gott" (61).

Wer denkt da nicht an die Fleischtöpfe Ägyptens; sieht sich dieser Berliner Jüngling als neuer Moses, der zum Auszug aufruft? Es scheint so. Darum schreibt er: „Die Kultur in ihrem anrüchigen Sinne in Europa zu lassen und drüben, wo unsere Herzen sind, ein echtes Volk zu schaffen ohne diesen Lug und Trug". Diese Haltung ist nur vordergründig politisch. In Wahrheit ist sie eschatologisch: „Unseres Volkes Glaube sagt, der Messias werde kommen, wenn alle wieder im Lande ihrer Väter sind, oder umgekehrt" (62).

In diesem Sinne hadert er auch mit den großen Lehrern seiner Jugend und er reibt sich beständig an Buber. Dessen „absolutes" findet er lächerlich, und seine Sprache nennt er „Zehlendorfisch", nicht Deutsch, womit er in der Tat eine der Schwächen dieses vom Jugendsill mitbeeinflußten Autors benennt. Stattdessen meint er, ganz jugendlich schäumend: „Wir glauben, daß wir mit dem Kopfe gegen die Wand rennen müssen und daß die Wand entzweigehen wird und nicht unser Kopf" (62).

Und weiter: „Wir suchen heilig Land. Wir dürfen uns nicht verschenken an irgendeine Organisation, die die Sehnsucht erstickt! Wir sollen für uns bleiben, denn unsere inneren Kämpfe können keine Organisation, das ist Verkleinerungsanstalt der Idee, vertragen (…)" (65). Immer wieder macht er seine Radikalität an der Bibel fest: „In den ersten neun Kapiteln der Bibel liegt sicherlich mehr als in vielen ganzen Bibliotheken und Literaturen (…). Einen so wundervoll geschlossenen

Weltschöpfungsmythos zu dichten, wie wir es getan haben, das macht uns so leicht keiner nach" (69).

Zur gleichen Zeit schreibt er begeistert über Stefan George, „Der Stern des Bundes" und fragt sich, ob der Dichter wohl Swedenborg gelesen habe – also kannte er diesen auch! Und schon als achtzehnjähriger beginnt er eine Eintragung: „Wenn ich ein Buch über jüdische Mystik schreibe …". Dieses Ziel bestand also früh (7).

Zur gleichen Zeit bekennt er aber: „Ich bin mir nun ganz klar darüber, daß ich an keinen persönlichen Gott glaube und an einen, der nur die Idee der Sittlichkeit verkörpern soll, noch weniger!" (79)

Dieser gesicherte Unglaube war ihm aber später nicht mehr ganz so sicher. Scholem bewegte sich offenbar, obwohl ihm das damals kaum bewußt war, hart an der Grenze, die die Mystik vom Atheismus scheidet; übrigens der Grund, weshalb echte Mystiker so leicht in den Geruch der Ketzerei geraten. Man denke an Meister Eckhart.

Zu dieser Zeit ist Scholem noch eifriges Mitglied von Jung-Juda, einem zionistischen Jugendverband. Er spricht auch gelegentlich dort und notiert sich dazu: „Wir wollen keine Reformation oder Umbildung, wir wollen Revolution oder Erneuerung" (81).

Er nennt auch das erste Ziel dieser Auflehnung: „Äußere Revolution, das ist vornehmlich und zuallererst Revolution gegen die Familie, gegen das Elternhaus" (ebd.). Der Grund ist klar: Die Generation der Eltern, die längst auf dem Weg der Assimilation war, wurde von den jungen Aktivisten des Zionismus nicht als entschieden jüdisch empfunden. Das war wohl richtig gesehen. Darum kann er diesen Traum hegen: „Unser Zionismus ist die Lehre vom Mauereinrennen, die Lehre von der Revolutionierung des Orients, er ist die erhabenste anarchistische Lehre, die es gibt (…). Wir fordern die Übersiedlung nach dem Orient, wenn möglich nach Palästina. Wir lehnen alles Europäische ab, denn es ist halb" (83).

Es ist verständlich, daß solche Gedanken dem Druckereibesitzer Arthur Scholem nicht gefallen konnten. Hier bahnt sich ein Konflikt an. Im Gegensatz zu seinem Bruder Werner, der später kommunistischer Reichstagsabgeordneter wurde und im KZ starb, konnte ihm auch die linke Ideologie nicht genügen, und er sagt, „daß ich nichts mit der marxistischen Sozialdemokratie zu tun habe" (91).

Aber auch nach einer anderen Seite grenzt er sich ab: „Ich bin in vielen Punkten von der zionistisch-buberschen Doktrin abgefallen" (ebd.). Das ist um so bemerkenswerter, als die „Bibel" der jüngeren Zionisten damals der von Martin Buber inspirierte Sammelband „Vom Judentum" war, der vom Verein jüdischer Hochschüler Bar Kochba in Prag herausgegeben und im Jahre 1913 von Kurt Wolff in Leipzig verlegt worden war. Wenn Scholem zu der Zeit überhaupt noch einen der älteren Vorkämpfer des Zionismus anerkannte, dann war das Ascher Ginzberg (1856-1927), der seine Schriften unter dem Namen Achad Haam (Einer aus dem Volke) hebräisch in Warschau erscheinen ließ; die deutsche Übersetzung wurde unter dem Titel „Am Scheidewege" vom Jüdischen Verlag Berlin herausgegeben und bei Scholem Senior in Berlin Schöneberg gedruckt (Bd. II im Jahre 1916).

In diesem Band dürfte ihn besonders der Aufsatz „Ein Sprachen-streit" (S. 156-167) bewegt haben, und er konnte an anderer Stelle dieselbe Radikalität finden, die auch ihn erfüllte: „Warum wir Juden sind? Törichte Frage! Frage das Feuer, warum es brennt!" (II, 204). Verglichen damit, mußten ihm die „Kulturzionisten" in seinem Verein Jung-Juda lächerlich erscheinen (92).

Da sucht er sich seine Bundesgenossen lieber woanders: „Der Augenblick von Kierkegaard ist eines der grandiosesten Bücher, die ich gelesen habe". Ihm verleiht er den höchsten Ehrentitel, den er zu vergeben hat: „Kierkegaard ist ein Jude" (108).

Der Zionismus des jungen Scholem ist eine sehr persönliche Entscheidung. Er schreibt: „Er (d.h. er selbst) las den Judenstaat, und er las die Bibel - und er sah, daß in der Bibel eine Seele war (...). In Herzls Schrift war keine Seele mehr" (117) „nur die Sehnsucht nach einer" (ebd.). Das alles kann ihm nicht genügen. „Ich muß Platons Timäus lesen, ich muß Wilhelm Meister lesen, ich müßte selber den Mythos der kommenden Wirklichkeiten dichten (...)" (138). Das hat er nicht getan; aber seine Wiederentdeckung der Kabbala hat genau dies geleistet. Daneben liest er Jean Pauls Titan und mit gleicher Begeisterung Friedrich Theodor Vischer; und dann gibt er noch die Zeitschrift „Die Blau-Weiße Brille" heraus, die in der väterlichen Druckerei - wohl heimlich - gedruckt wurde und von der drei Nummern erschienen sind (...). Das alles ist immer noch erst ein Teil der Aktivitäten des jungen Scholem, der anscheinend drei bis vier parallele Leben gelebt hat. Immer wieder wird ihm das Jude-Sein zum Problem: „Ich möchte nur bei den Chassidim im Osten sein an diesem heutigen Tag (gemeint ist der Festtag Jom-Kippur), denn ich kann nicht hinein vor Dunst und gottlosem Parfüm in die Berliner wohlgepflegten Bethäuser, die die Sitte der Bereuung so erleichtern und das Jude-sein so degradieren. (...) Ich kann nicht hingehen und beten (...), denn ich kann nur Gott suchen (...)" (156).

Ein andermal notiert er: „Ich wundere mich immer wieder darüber, daß ich so gar kein Verhältnis zu den deutschen Klassikern, Herder ausgenommen, habe (...). Es ist nicht meine Linie: Aristoteles, Goethe, Leibniz, ich gehe ganz andere Wege, auf denen das Wort Klassizismus nicht vorkommt. Ich kann Goethe nicht lesen, ohne mich über irgend etwas in ihm (…) zu ärgern" (157).

Es gibt aber auch für ihn im Jahre 1915 noch ganz andere Gründe sich zu ärgern: „Verflucht, schlagt das Militär, den Militarismus tot, mausetot! Hört ihr? Hoch die Revolution und Juda." (163)

Leider hat er über seine kurze Dienstzeit beim Militär nichts aufgezeichnet. Dabei wäre sein Sieg über das preußische Militär mindestens so spannend zu lesen wie der „Brave Soldat Schwejk". Er hat es nämlich erreicht, als gänzlich unbrauchbar entlassen zu werden, indem er konsequent den Meschuggenen simulierte. Das war immer noch besser als die ebenfalls erfolgreiche Bemühung seines Freundes Walter Benjamin, mit Kaffee, Zigarren und Alkohol den Herzrhythmus außer Takt zu bringen. So hat er sich eben nicht ruiniert und trotzdem die Teilnahme an einem Krieg vermieden, der nicht der seine war. Sein Bruder Werner hat ein Bein verloren.

Wieder und wieder hält er seine Bibellektüre fest: „Die beiden gewaltigen Kapitel 36 und 37 in Ezechiel gelesen. Über die Vokalklänge des Hebräischen erstaunt. Warum gerate ich dabei immer ins Singen, ich kann nicht anders?" (170). Dann verliert er einen seiner ganz großen Lieblinge: (Okt. 1915) „Übrigens ist Paul Scheerbart gestorben. Der Mann war Gott noch einmal: Er konnte einen Kosmos in sechs Tagen schaffen" (174). Was er vielleicht nicht wußte: Scheerbart hatte die Nahrung verweigert - aus Verzweiflung über den Krieg, der auch nicht der seine war.

Nach der Episode des Hinauswurfs aus der Schule - die hier übergangen wurde - konnte Scholem das Abitur machen, mit guten Noten, übrigens in den Sprachen und in der Mathematik. Das wäre nicht so verwunderlich, wenn er nicht in den Jahren davor neben der Schule noch je fünfzehn Stunden in der Woche Hebräisch gelernt hätte. Man hat den Eindruck, seine Tage hätten 48 Stunden gehabt. Aber noch eine wichtige Tatsache in seinem Leben ist wenigstens kurz zu erinnern, wenn auch nicht in ihrer Bedeutung zu erschöpfen.

Er notiert: „Ich bin ein Vierteljahr mit Benjamin in persönlichem Verkehr gewesen, und es ist unzweifelhaft, daß diese Bekanntschaft geistigen Einfluß auf mich übt und üben wird (...)" (176). Nun kann er auch das Studium aufnehmen. Er hört Harnack und hat sogleich die allerkritischsten Einwände gegen dessen Behandlung des Judentums (177). Da gefällt ihm der Astronom Förster schon besser (178).

Am 15. November 1915 hält er fest, daß er nun seit einem Jahr Tagebuch führt. Am Ende der Eintragung steht das Bekenntnis: „Ich will mein Judentum heilig halten" (180).

Im Oktober wird er wieder einberufen und als untauglich weggeschickt, diesmal wegen Schwäche. Das ist ein Witz, wenn man seine Arbeitsleistung dagegen hält. - In der Universitätsbibliothek sieht er sich die Cabbala Denudata des Knorr von Rosenroth an. Die große Lebensarbeit nimmt Gestalt an. Daneben weiter ausufernde Lektüre und kritische Sichtung der Schriften zum Zionismus. Immerhin können zehn Werke vor ihm bestehen (189f.).

So stellt er auch die grundsätzliche Frage: „Habe ich, Gerhard Scholem, Sehnsucht nach Palästina? (...). Ich möchte weg von hier, aber möchte ich nicht ebenso gern nach Arabien, Persien, China, nach dem Orient? Ich habe in mir eine große Liebe zum Orient und glaube, daß Erez Israel nur im Bunde mit dem anderen Orient seine Auferstehung feiern kann" (195f.).

Diese Sätze haben inzwischen geradezu prophetische Bedeutung gewonnen. Leider sind sie nicht Allgemeingut geworden. - Weil inzwischen seine Auswanderungspläne bestimmter werden, nimmt er den Rat an, Mathematik zu studieren, um damit eine berufliche Zukunft zu sichern. Zugleich verabredet er einen Besuch bei Buber (197). Er liest auch Tolstoi, dazu die Sagen der Juden (198f.) Wie paßt zu alldem das Bekenntnis: „Ich bin ein fauler Jüngling: ich stehe nur dann früh auf, wenn es durchaus nötig ist, wenn ich ins Kolleg muß oder sonst eine Verpflichtung habe" (200).

Nun kommt es zu dem ersten Besuch bei Buber, zusammen mit seinem Freund Brauer. Sie hatten Buber in ihrer Zeitschrift heftig kritisiert, aber dieser nahm es in Güte auf. Etliche Beobachtungen markieren aber die Distanz: „Der Salon war sehr elegant eingerichtet" - für Scholem ist das keine Empfehlung. Weiter: „an den Wänden große Kunstwerke, ein Bild von ihm in Öl und mystische Kultgegenstände" (202).

Lieber hätte er sich Bubers Bibliothek genauer angesehen. Am Ende wurden die beiden dann doch zur Mitarbeit an Bubers Zeitschrift „Der Jude" eingeladen. Damit war die Audienz beendet. In einem kleinen satirischen Text fragt Scholem: „Woran starb der Zionismus?" Nach mehreren anderen Antworten schließlich diese: „An Buber". Weitere Frage: „Was ist das?" - „Ein Tier mit dem Gift, dem höchst verderblichen Gift der Sehnsucht" (206). Aber auch Buber sollte später noch den Weg nach Palästina finden - nicht freiwillig, wie wir wissen.

Immer wieder verblüfft die Weite seiner Lektüreinteressen und das höchst persönliche Urteil. Stark beeindruckt ist er vom „Zarathustra": „Es ist zweifellos ein heiliges Buch ... weil es vom Menschen redet, weil es von der Überwindung des Menschen redet, weil es ein revolutionäres Buch ist. Ich liebe es" (207).

Es gibt auch ganz andere Reflexionen: „Hinter meinem Leben steht mit höhnendem Gesichte der Engel der Unsicherheit (...)". Was ist das nun wieder für eine Vision? Er erläutert sie so: „Die größte Unsicherheit aber ist die, die man schlichtweg als das Hinausgeworfensein in die Welt bezeichnet (...)". Nota bene, 12 Jahre vor dem Erscheinen von „Sein und Zeit"! Scholem versinkt aber keineswegs in Depression, und die Eintragung endet: „Die Welt ist um der Freude willen erschaffen worden" (209).

Erschreckend aber dies: „Gestern nacht hatte ich, was sehr selten passiert, einen Traum: einen etwas merkwürdigen sogar. Nämlich daß mein Vater mich erwürgt, weil ich nicht Soldat werden will". - Auch einen anderen Vater sieht er höchst kritisch: „Buber will die schlechte Rassentheorie dadurch besser machen, daß er sie durch Rassenmystik ersetzt. Erreicht das Gegenteil" (213). Da liest er lieber mit größter Freude im Eichendorff und bekennt: „wie tief wir zur Romantik gehören (...)" (215).

Das alles ist aber nur die Vorbereitung zu Fragen wie dieser: „Was ist Mystik?", und er gibt sich die Antwort: „Mystik ist die Rede vom Göttlichen. Also die Paradoxie schlechthin (...) der Mystiker schaut etwas, was nicht ist und auch nie wird, er schaut das schlechthin Unmögliche". Die Begründung erfolgt in einer Klammer und ist höchst bedenkenswert: „der Mystiker allein weiß, daß Gott nicht ist" (223). In den Meditationen Heideggers aus den dreißiger Jahren finden sich ganz ähnliche Formulierungen.

Scholem schreibt: „Seien wir doch ehrlich: Der Talmud ist kein Palast mit vielen Gängen, und wie man das Bild immer so schön abkonterfeit, aus falscher Romantik, sondern der Talmud ist ein Trümmerfeld, auf dem zuweilen noch großartige Reste liegen …" (223). Damit kündigt sich unmerklich eine Entscheidung im Leben des jungen Scholem an: Weg von der Halacha, der Auslegung des Gesetzes, und hin zur

Kabbala, dem eigentlichen theologischen Abenteuer, wie es nur im Judentum gewagt wurde.

Als konkrete Lebensform kann er sich aber zunächst nur vorstellen, daß die Brücken zu Europa abgebrochen werden müssen: „Der Zionismus ist die Forderung eines großen Lebens in Erez Israel (...) in den Urformen menschlicher Gesellschaft" (226). Vorderhand geht es aber darum, das Land der Juden mit der Seele zu suchen, d.h. durch das Lesen in der Schrift: „Nachmittags in den Propheten gelesen und immer wieder die Bemerkung gemacht, daß man beim lauten Lesen - und ich lese Hebräisch immer laut - ins Singen gerät (...). Ich lese immer wieder dieselben Stellen, die ich wohl schon 75mal gelesen habe, immer wieder sind es die letzten Jesajakapitel, Amos, Sacharja und Joël, die mich ganz gefangen nehmen, und ich glaube, ich habe von Ezechiel noch keine fünf Kapitel im Urtext gelesen. Immer bleibe ich woanders hängen und bin halb ekstatisch erregt ..." (235). „Die Lektüre der Propheten ist für mich Gottesdienst und Gebet, alles zusammen, nur eines ist sie für mich nicht, was sie für die meisten anderen und für fast alle Nichtjuden ist: Literaturstudium" (236).

Wie dieses sich auswirkt, sagt er nach einer längeren Betrachtung über Kierkegaard: „Kierkegaard stirbt wirklich den täglichen Opfertod durch liebevolle Betrachtung" (238). Wie dieser aus einem unchristlichen Milieu kam, so ist es für Scholem eine feststehende Sache, daß er sich aus einem unjüdischen Milieu auf den Weg macht (239).

Dabei gibt es durchaus schon Teilerfolge. So vermerkt er im Januar 1916, daß er mit einem Besucher aus Palästina Hebräisch gesprochen hat! (242). Bald lernt er auch Arabisch, und zwar in seiner klassischen Form (275). Dabei ist er sich seiner Grenzen durchaus bewußt. Er nennt sich ohne Bedauern einen unkünstlerischen Menschen (283), meint aber: „Religion und Mathematik sind wesentlicher als Kunst" (ebd.) Nachfühlen und nachdenken kann er aber große Kunst sehr wohl, beispielsweise Alfred Mombert, Aeon vor Syrakus (284). Nebenbei fällt eine bezeichnende Bemerkung: „Wenn jemand meine Bücher wirklich genau kennen würde, auch alles das, was hinten und in heimlichen Ecken sich gestellt, sieht, der würde mich ganz kennen" (288).

Wiederum erweist sich hier, was es bedeutet, dem „Volk des Buches" anzugehören. Sein großer Wunsch wäre: ein hebräischer Jean Paul: „Dies schließt zweierlei ein: einmal eine Übersetzung, zum anderen einen Geist wie er, aber ins Hebräische übertragen" (316).

Das alles ist letztlich Ausdruck seiner großen Sehnsucht nach einem „Hinein- und Hinabsteigen in das Judentum" (318). Er hat sich diesen Traum erfüllt und dafür jede nötige Arbeit auf sich genommen. Das war aber kein privater Wunsch, vielmehr gilt für ihn: „Wir kämpfen um das Letzte: um die Erlösung Israels von den Heiden" (325). Daneben kann er sich auch einmal für den Marxismus aussprechen; aber das bleibt eine Episode. Letztlich hat ihn sein sehr viel „linkerer" Bruder Werner nicht überzeugen können.

Immer wieder ist man von Scholems treffenden Urteilen überrascht. So über Simmel: „Es ist diesem Manne gelungen, sich restlos in ein terminologisches System aufzulösen, er hat eine Maschinerie geschaffen, die den Namen „Simmel" führt und die folgendermaßen funktioniert: man steckt ein Problem hinein, darauf bewegt sich und reagiert die Maschine „Simmel" rein mechanisch, übersetzt es in eine fremde Sprache, und nach einiger Zeit fällt hinaus ein - Buch oder Aufsatz, den sich die Menschen, wenn sie Wert auf ihn legen, zurückübersetzen müssen" (335).

Man setze für Simmel beliebige andere Namen ein und wird einen großen Teil der intellektuellen Produktion der letzten Jahrzehnte charakterisiert finden. Imponieren können solche Größen nur den von ihrer Terminologie eingeschüchterten Laien.

Was Scholem wirklich bewegt, wird an den ganz wenigen Stellen seiner Aufzeichnungen deutlich, wenn er sich, wie einmal in nächtlicher Stunde und beim Betrachten des Sternhimmels, seinen mystischen Gedanken überläßt. Sein Fazit: „Der Messias wird ein Astronom sein. In Asien. Der Sohar ist ein heiliges Buch: eine Sternschnuppe. Er leuchtet nur mehr in der Erinnerung" (347). Dieselbe Einsicht lautet bei Nietzsche: „Gott ist tot."

Das bleibt aber nicht das letzte Wort. Ausgehend von Mathematik und Astronomie „würde die Bibel einer neuen Welt gebildet werden. Novalis wäre ihr Abraham, der Mystiker ihr Mose" (353). Man kann ahnen, welche Rolle er sich selbst zugedacht hat, und ganz in der Nähe dieser Sätze folgt die letztmögliche Steigerung. „Jener mathematische Mystiker oder mystische Mathematiker – er wird gewiß ein Jude sein. Er wird der Messias sein" (353).

In immer neuen Wendungen umkreist er diesen Kerngedanken: „Die Idee der Mystik heißt: Zion, die der Mathematik: Thora. Und es heißt: von Zion geht die Thora aus" (Jes. 2,3; Mi. 4,2; 353). In einer Betrachtung über Wilhelm von Humboldt verwirft er dessen „alleinige Schätzung des individuellen Geistes" (360), „Der Sinn des Lebens ist nicht, seinen Geist zu höchster und harmonischster Ausbildung, Ruhe und Vollendung zu bringen, sondern das Ziel und der Sinn des Lebens heißt: Zion. Zion in uns und außer uns aufzubauen, nicht nur symbolisch" (ebd.)

Hier kennt er auch keinen Kompromiß, nicht einmal mit dem früher so bewunderten Buber, der „desto schärfer muß (...) verurteilt werden, wenn er Seitensprünge einer unerlaubten Mystik macht". Vor allem weist er einen entscheidenden Mangel auf: „Buber fehlt die Mathematik" (362). Nein, schüchtern ist er in seinem Urteil nicht, und er bejaht durchaus, „daß die große Schnauze eine außerordentlich wesentliche und wichtige Waffe der Jugend sei" (368).

Damit ist eine weitere Bedingung genannt für den künftigen Mose, wenn nicht gleich Messias: nicht nur Mystiker und Mathematiker muß er sein, sondern auch Berliner. Aber er kann auch einmal von dieser Bedingung absehen, wenn nur die beiden anderen erfüllt sind, und so schreibt er: „lm Daniel hat Buber die ‚mathematisch exakte' Mystik geahnt und versucht, das macht ihn groß und größer als alle Steinerschen naturwissenschaftlichen Mysterien." Weiter läßt er sich zu noch grundsätzlicheren Erwägungen tragen: „die tiefsten Mysterien hat jeder in sich, mit ihrer Lösung: seinem großen Leben. Um Mysterien zu finden, braucht man nur eine Minute in sich zu gehen. Dann wird man finden, daß hier mehr als genug zu tun ist, und das Mysterium des Menschenlebens ist tiefer als das der Apokalypse, es sei denn, letztere sage nur in anderer Form dasselbe Mysterium" (371). In diesem Gedanken hätte er sich mit den tiefsten Einsichten von C.G. Jung treffen können.

Mit dem Fortschreiten seiner Studien werden diese mystisch-theologischen Einsichten immer konkreter. Darum sagt er, wiederum ausgehend von einer kritischen Würdigung Bubers, „Es gibt nur ein Mysterium, und das kann durchaus nicht in Worte gefaßt oder durch sie angedeutet werden (...). Darum stimmt er zu, „daß die Kabbala Gott als en-sof, das Unendliche, bezeichnet, eben das, was jenseits jeder Grenze ist, was nicht genannt werden kann" (371f.)

Weil das so ist und eher zum Verstummen als zur Rede führt, kann er sagen: „Die Ehrfurcht ist ein schlechthin mystisches Gefühl" (ebd.). Darum heißt es auch: „Die Göttlichkeit der Bibel besteht nicht darin, daß sie von Gott diktiert oder sonstwie (...) eingegeben ist, sondern daß die Gesamtheit der Inhalte eine so überwältigende ist, und die Tiefe der Aussprüche so unübertroffen und unübertrefflich ist, daß sie den Menschen für Ewigkeit als Arsenal der Gottessehnsucht und Gottessicherheit (...) dienen kann" (376).

Er faßt sein Urteil so zusammen: „Immer habe ich den Thora-Begriff als dauerndes Schaffen aufgefaßt (...) wohl im Geiste Gottes, aber doch durch menschliches Denken" (378). Dabei entwickelt er einen sehr weiten Begriff von Thora: „Meine Bibliothek ist Thora, in ihrem ganzen Umfang, alles, was nicht Thora ist, ist verurteilt, draußen zu bleiben. Auch die Schriften der Anarchisten gehören dazu" (381).

Beweist Scholem hier ein hohes Maß an Toleranz, so versteht er keinen Spaß, wenn es um jüdische Inhalte geht. Nach einem Vortrag über Buber notiert er: „Man liest Buber, frißt ihn auf, eignet sich Buberdeutsch an und hält einen Vortrag über Chassidismus. Was man sonst nirgends wagen würde: ohne Quellenstudium zu reden vor einer

Versammlung, beim Chassidismus tut man es. Und die Versammelten standen in ästhetischer Ekstase da und flüsterten sozusagen. Ah, Ah, Religiosität. – Religiosität – Es ist unerhört schamlos" (397).

Seine Kritik zielt aber nicht nur auf die Nachläufer Bubers, sondern auch auf ihn selbst, und da erweist sich der junge Scholem als äußerst scharfsichtig. Sein Ziel ist ja nicht irgendeine diffuse jüdische „Religiosität" - für die es im Hebräischen nicht einmal ein Wort gibt, - sondern: „die Zionisten sind auf dem Weg nach Zion" (399).

Aber hier scheiden sich die Geister: „Es gibt ehrliche Menschen, die als Bauern hinübergehen, es gibt ehrliche Menschen, die wegen der Thora hinübergehen, aber kein ehrlicher Mensch ist als Buberianer hinübergegangen. Denn der Bubersche Weg führt nicht nach Zion, sondern in die Wüste des Ghetto" (ebd.). Darum kann er seinen eigenen Weg so zusammenfassen: „Ich bin vom Nichts über die Orthodoxie zu Buber und von Buber nach Zion gekommen, d.h. durch Aufgabe Bubers" (411).

Alle Kritik und alle positiven Überzeugungen Scholems nehmen ihren Anfang von der Bibel und werden dann noch weiter vertieft durch das Eindringen in deren Sprache. Darum schreibt er: „Das Judentum ist die Historie selber, und weil es die absolute Wahrheit ist, ist die Bibel, ist die Thora göttlich, und deshalb darf man aus der Bibel etwas beweisen, und deshalb ist auch die jüdische ‚Tradition' ganz anders als jede andere. Die jüdische Literatur ist wie keine andere auf die ‚Wahrheit' gerichtet, das stellt sie im Wesen jenseits der Literatur und macht die Beschäftigung mit ihr zu einer unliterarischen. Warum denn diese Diskussionen des Talmuds, wenn nicht der heilige Wille dahinterstände, doch ja auch von den kleinsten Dingen die doch existierende, existieren müssende göttliche Wahrheit festzustellen" (411).

Am Ende einer längeren Erörterung der Wahrheit steht dann der Satz: „Die innere Form einer Sache ist ihre Struktur, gesehen in Richtung auf Gott" (418). Daran ließe sich die Frage anknüpfen: Kann es dann überhaupt Wahrheit außerhalb der Überlieferung, d.h. der Kabbala, geben? Alles Fragen hat hier ihren Mittelpunkt: „Das ist

Gerechtigkeit: die Erde zum Sitz der Schechinah machen" (419), das ist der verborgenen Anwesenheit Gottes. Und weiter: „das Wesen der Schechinah ist die Gerechtigkeit. Und darum ist die Mehrung der Gerechtigkeit eigentlich nur die Mehrung der Offenbarung der Gerechtigkeit, die wahrhafte Mehrung der göttlichen Macht auf Erden; darum ist Gerechtigkeit die höchste Offenbarung Gottes und seine höchste Verehrung (...). Gerechtigkeit ist wahrlich ein Abglanz Gottes". Die Konsequenz ist - zumindest für Christen – überraschend: „Lieben kann man auch ohne Gott, gerecht sein nicht" (419). Ob darum allenthalben die Politik mißrät?

Über Aufgaben und Wege hat Scholem jedoch sehr konkrete Vorstellungen: „Die Sprachphilosophie ist eine Wissenschaft, die in jeder Hinsicht erst erschaffen werden muß (...). Ihre Aufgabe ist die Untersuchung der Sprache als Offenbarung der Wahrheit" (420). Er geht noch einen Schritt weiter: „Im Judentum ist die Sprachphilosophie ein freilich durchaus (...) verhülltes Zentrum, das überall wirksam gewesen ist, wo Thora gelernt und weitergegeben wurde. In der Thora als einem göttlichen Buche erscheint dies Problem am ehesten und unproblematischsten: als Sprache Gottes muß sie notwendig Sprache der Wahrheit sein, jeder Wahrheit (...). Man kann hier durchaus mit Recht sagen, daß hier die Wahrheit eine stetige Funktion der Sprache sei (...). Daher die Wurzelverwandtschaft sich von hier aus begreift: ändert sich die Wurzel nur wenig, z.B. um einen Buchstaben (...), so ändert sich nach dem Gesetz der Stetigkeit die Wahrheit (...) auch nur ganz wenig. (...) Es gelten dann hier gewisse göttliche Gesetze, z.B. ist die Wahrheit eines Satzes größer als die Summe der Wahrheit der einzelnen Worte (...)" (421).

Vergleicht man die äußerste Sorgfalt des Studenten Scholem im Umgang mit der Sprache mit der skandalösen Schlamperei, wie er sie nicht selten an der Universität erfuhr, so wird verständlich, daß er in die Luft ging, als er den einen oder anderen „Liebhaber der Weisheit" aus der Nähe erlebte. Er schreibt: „Gestern abend leistete sich Cassirer bei Gelegenheit des Pythagoras die Bemerkung: ,Wir brauchen uns hierzu nicht in eigene Reflexionen zu verlieren', so spricht der Philosoph. Nein, so spricht er nicht! Aber dieser ganz unbewußt ausgesprochene Satz ist charakteristisch: „Was ist denn das für eine Angelegenheit, o Cassirer, wo Philosophie Dir das Denken ersparen könnte?" (423f.).

Durch diese eine Bemerkung hat er den Philosophen Cassirer als das entlarvt, als was ihn später Heidegger angesehen hat: einen oberflächlichen Schönredner. Er wurde damit für Scholem als einer jener Vertreter des assimilierten deutschen Judentums erkannt, die aus ihrem Judentum innerlich weggelaufen waren und stattdessen die „Kultur" als Religionsersatz mißbrauchten. Andererseits grenzte er sich auch scharf gegen das ab, was er den „Kulturzionismus" nannte und wie er sich besonders unter den Bewunderern Bubers zu entwickeln drohte (vgl. 430).

Weil er stattdessen wirklich mit der Arbeit ernst machte, kann er im Dezember 1916 notieren: „Ich lerne jetzt fünf Jahre Hebräisch (…). Heute kann ich sagen, ich kann Hebräisch, denn mir fehlen nur noch Nebensachen". Die Frucht dieser Anstrengung stellt sich dann so dar: „Die Verjüdischung wächst proportional dem Quadrat der Annäherung an das Hebräische, macht aber an einer Stelle einen Unstetigkeitssprung, da, wo ihr plötzlich sich das Zentrum der hebräischen Sprache erschließt" (429). Das Ziel ist aber mehr als eine bloße Sprachkenntnis, nämlich „die Umwandelung durch das Hebräische" (430).

Erst wer sich durch die Sprache verwandeln läßt, darf sich Zionist nennen - so sieht es der junge Scholem, und wohl mit Recht. Er findet dafür die paradoxe Formulierung: Der Zionist lernt Hebräisch, um „Hebräisch schweigen zu können" (431). Aber das ist noch immer nicht die tiefste und letzte Aussage über das Hebräische. Näher kommt ihr dieser Satz: „der Messias wird das Judentum beweisen: aus der hebräischen Sprache" (432).

Mit dem immer tieferen Eindringen in die Geheimnisse des Judentums formuliert Scholem schließlich Einsichten wie diese: „Die Thora ist kein Gesetz, genausowenig wie das Judentum eine Religion ist. Die Thora ist die Überlieferung von Gott und den göttlichen Dingen und das Prinzip der allmählichen Wiederfindung der Wahrheit, die im Schriftlichen angedeutet, deren Verständnis aber verlorengegangen ist. Die Thora ist Mathematik und Sprache. Es gibt keinen deutschen Begriff für Thora, und wenn er ein Buch lang wäre, der Thorabegriff - der Wahrheitsbegriff des Judentums - kann nur durch sich selbst erklärt werden. Thora ist Thora" (433).

Mit dieser Einsicht ist der deutsche Jude Gerhard Scholem in Zion angekommen, obwohl noch eine Wegstrecke von sieben Jahren bis zur Übersiedlung nach Palästina vor ihm liegt. Vorher steht ihm aber noch ein schmerzlicher Ablösungsprozeß von seinem Vater bevor, und er schreibt: „Ich kann nichts dafür, daß mir mein Vater noch niemals Gefühle der Zuneigung eingeflößt hat" (437).

Ich breche diesen Bericht für heute ab mit einem weiteren Bekenntnis des jungen Scholem: „Gott wird nicht zugeben, daß man ihn mit neuen unerhörten Mythen verdunkele, er will die messianische Klarheit vorbereiten. Denn der Messias wird keine Mythen mehr bringen, im Gegenteil, er wird sie hervorlocken (...) um ein gewaltiges Gericht über sie abzuhalten" (450).

Der mystische Messias
Aufstieg und Fall des Sabbatai Zwi

Die Geschichte des jüdischen Volkes weist eine Reihe von Katastrophen auf, von denen jede an die Substanz und an den innersten Lebensnerv ging. Es wäre nicht verwunderlich, wenn das Volk Israel in einer dieser Katastrophen untergegangen und aus der Geschichte verschwunden wäre. Umso erstaunlicher ist sein Überleben all dieser Ereignisse. Da wäre zuerst der Untergang des Nordreiches zu erwähnen, dem bald auch der des Südens mit der Hauptstadt Jerusalem folgte. Dabei wurde ein großer Teil des Volkes verschleppt, zumindest die ganze Elite. Diese Episode ist als die „Babylonische Gefangenschaft" in die Geschichte eingegangen.

Das nächste derart einschneidende Ereignis war die Zerstörung des Tempels im Jahre 70 und die endgültige Niederlage des Bar-Kochba-Aufstandes um 135. Danach gab es keine staatliche Eigenständigkeit mehr sondern nur noch Fremdherrschaft und Exil. - Das nächste traumatische Geschehen war die Vertreibung der Juden aus Spanien im Jahre 1492, dann die großen Ausmordungen der polnischen Juden in der Folge des Chmielnitzki-Aufstandes. Diese wurden nur noch übertroffen von dem staatlich organisierten Massenmord im 20. Jahrhundert, dem ein Drittel der gesamten Judenheit zum Opfer fiel.

Zeitlich zwischen diesen beiden schlimmen Heimsuchungen des ganzen Volkes liegt aber noch ein traumatisches Erlebnis des Judentums, das jedoch bis in unsere Zeit kaum offen erwähnt wird, und wenn, dann mit eher verschämten Umschreibungen. Gemeint sind das Auftreten des „falschen Messias" Sabbatai Zwi und sein Übertritt zum Islam, also sein Abfall vom Judentum. Das wäre nun für den seelischen Haushalt des ganzen Volkes Israel entschieden leichter zu verarbeiten, wenn es sich wirklich um einen „falschen" Messias gehandelt hätte, also um einen bloßen Verführer der leichtgläubigen Massen, um einen Betrüger und

Hochstapler. Das ist aber nicht der Fall. Gerschom Scholem, der große Erforscher der jüdischen Mystik, hat Jahrzehnte seines Gelehrtenlebens daran gewandt, diese rätselhafte Gestalt der jüdischen Geschichte aus dem Dunkel des Verschweigens und der Entstellungen hervorzuholen, und es sind ihm viele glückliche Funde von aufschlußreichen neuen Dokumenten gelungen. Die Frucht dieser langjährigen Arbeit bildete neben vielen Einzeluntersuchungen schließlich die Publikation einer zweibändigen Monographie in hebräischer Sprache im Jahre 1957, der eine vom Autor erweiterte englische Ausgabe im Jahre 1973 folgte. Zehn Jahre nach dem Tod des Autors konnte dann endlich eine deutsche Ausgabe erscheinen (Frankfurt am Main 1992), die dieser kurzen Darstellung zugrundeliegt. Daneben wurde noch eines der anderen Hauptwerke des großen Gelehrten herangezogen, „Die Jüdische Mystik in ihren Hauptströmungen", Zürich 1957.

Es soll nun ein knapper Überblick über die Lebensgeschichte des Sabbatai Zwi gegeben werden, wobei bei der Fülle der interessanten Einzelheiten, die Scholem auf 1.100 Seiten berichtet, naturgemäß nur wenige hervorgehoben werden können, ob auch nur die wichtigsten, vermag ich nicht abzuschätzen. Sabbatai Zwi wurde im August 1626 in Smyrna geboren, wahrscheinlich an einem Sabbat, daher sein Name. Sein Vater war ein äußerst erfolgreicher Kaufmann, der vermutlich als Makler und Agent englischer Kaufleute arbeitete und zu Wohlstand kam.

Sabbatai war der zweite von drei Söhnen des Mordechai Zwi. Vielleicht hatte er auch noch eine Schwester (155). Auch die beiden Brüder wurden sehr wohlhabende Kaufleute, die dem Bruder ein sorgenfreies Leben und die Konzentration auf seine Studien ermöglichten. Diese absolvierte er beim seinerzeit berühmtesten Rabbi von Smyrna, Josef Eskapha (137), und er erwarb früh eine derart gründliche Talmudkenntnis, daß er schon mit 18 Jahren den Rang eines Chacham erhielt. Damit hätte er nun selbst als Rabbiner amtieren können. Das hat er jedoch nie getan, sondern er setzte seine Studien mit derselben Intensität fort, wobei ihm seine wirtschaftliche Unabhängigkeit zugutekam.

Er hätte somit ungestört die höchsten Höhen des jüdischen Gelehrtenstandes erreichen können, wenn da nicht innere Spannungen und Widerstände gewesen wären. Es wird von Alpträumen mit sexuellem Inhalt berichtet; das sind nun bekannte Plagen der Asketen, man denke an die Versuchungen des heiligen Antonius, die Flaubert so drastisch ausgemalt hat. Die Anfechtungen des jungen Sabbatai Zwi müssen jedoch weit über das für dergleichen heiligmäßige Männer „normale" Maß hinausgegangen sein. Dafür gibt es weitere indirekte Hinweise. Zunächst ist jedoch sein intensives Studium des Sohar zu erwähnen sowie des Buches Kana über den „Sinn der Gebote" (146).

Auch werden allerlei Kasteiungen, Fastenübungen und rituelle Waschungen berichtet und zwar nicht in der Mikwe, dem Tauchbad, sondern im Meer. - Sabbatai Zwi erwarb früh den Ruf eines Inspirierten, und es sammelte sich um ihn ein Kreis von jüngeren Männern, mit denen er ausgedehnte Wanderungen über Land unternahm; wer denkt da nicht an einen alten Vorläufer in Galiläa. Auffällig ist, und das hebt ihn aus der großen Zahl der übrigen Gelehrten in dem „Volk des Buches" heraus, daß er nie ein Buch geschrieben hat, keinen Talmud-Kommentar, ja nicht einmal ein einzelnes Responsum, was seinen Biographen zu dem Urteil veranlaßt: er „war wahrscheinlich nie zu einer ausdauernden und geplanten kreativen intellektuellen Leistung fähig" (149).

Mit 20 oder 22 Jahren heiratet er seine erste Frau, ohne sich jedoch ihr zu nähern. Stattdessen läßt er sich scheiden, aber auch die zweite Ehe wird nicht vollzogen und ebenfalls geschieden. Seine Bewunderer führten das auf seine übermäßige Reinheit und Heiligkeit zurück, während Analytikern hier erste Bedenken kommen dürften. In dieser Phase treten auch erste Symptome einer Krankheit auf, die ihn sein Leben lang begleiten sollte. Scholem hat hierzu die einschlägige Fachliteratur eingesehen, darunter das „Lehrbuch der Psychiatrie" von Bleuler. So kommt er zu diesen Feststellungen: „Die Quellen lassen mit fast absoluter Gewißheit darauf schließen, daß Sabbatai an einer wahrscheinlich mit paranoiden Zügen verbundenen manisch-depressiven Psychose gelitten hat (...). Sie wird durch ein mehr oder weniger festgelegtes Muster psychophysischen Verhaltens gekennzeichnet, von dem der Patient, wenn es sich einmal eingestellt hat, nicht abweicht. Der manisch-depressive Typ entwickelt sich mit der Pubertät, und die charakteristischen pathologischen Phänomene treten im Allgemeinen im Alter von 15 bis 25 Jahren (...) auf. Danach wechseln typische pathologische Zustände ab (...). Die manischen Phasen bestehen aus Zuständen exzessiver geistiger Übersteigertheit, freudiger Erregtheit und einem bis zur Ekstase reichenden Gefühl erhabenen Glücks sowie der Gewißheit einer höheren Inspiration (...). Daneben gibt es die depressiven Phasen, Zeiten der Verzagtheit und der Melancholie, tiefster Passivität und des Mangels an Initiative, Geistesqualen und eines Gefühls, von außen – und schlimmer noch, sogar von innen - verfolgt zu sein" (150 f.).

Sabbatai scheint diese Symptome in extremer Ausprägung erlebt zu haben; seine Aufschwünge gingen bis zur Erfahrung der Levitation (15). In den Phasen der Exaltation wurde er als ein Erleuchteter und ein Genie wahrgenommen; aber er tritt auch mit befremdlichen Handlungen hervor und wird so als ein Verrückter und ein Narr angesehen. Dieses Verhalten prägt nun sein ohnehin schon ungewöhnliches Frömmigkeitsleben: So kommt es vor, daß er sich tagelang kasteit, dann aber derart befremdliche Übertretungen des Gesetzes begeht, von denen seine Anhänger anscheinend nur in sehr vorsichtigen Andeutungen berichten.

Was er aber auch unternimmt, er wird nicht moralisch verurteilt; was allein schon bei der Strenge des gesetzestreuen Judentums verwundern muß. Vielmehr reden die frühesten Dokumente unverblümt von seiner „Krankheit", während dann später die theologische Umdeutung erfolgt.

Früh schon kommt ein überpersönliches Moment in die Haltung Sabbatais zu seiner Krankheit, und er nimmt für sich in Anspruch, „um des Volkes Israel willen" (154) zu leiden. Entsprechend hochgegriffen wird dann auch seine eigene Deutung der ekstatischen Zustände.

Hier steigert er sich in die Überzeugung einer Art Berufungsvision, genauer: Audition, hinein, für die es auch ein bekanntes Vorbild gibt. Bei Sabbatai Zwi kommt in der fraglichen Zeit, dem Jahre 1648, noch eine große Erschütterung von außen hinzu. In dieser Zeit kommt es im Verlaufe des Aufstandes des Kosaken-Hetmans Chmielnickis in Polen zu den bisher größten Massakern, und das Blut der Juden wurde „vergossen wie Wasser". In dieser aufgewühlten Zeit und unter dem Eindruck der einlaufenden Schreckensnachrichten hört Sabbatai eine Stimme, die ihm zuruft: „Du bist der Retter Israels (...) ich schwöre bei meiner rechten Hand und der Stärke meines Arms, daß du der wahre Erlöser bist" (163).

Diese Gewißheit seiner Messianizität hat Sabbatai zuerst seinen Gefährten und der Familie offenbart. Nun hatten zwar manche Kabbalisten gerade für 1648 das Kommen des Messias vorhergesagt, aber zunächst scheint kaum jemand an Sabbatai geglaubt zu haben. Es gibt sogar ein Detail, welches das Gegenteil erweist: nach 1648 soll ein lieblicher Wohlgeruch von Sabbatai Zwi ausgegangen sein; viele verstanden das aber keineswegs als den Geruch des Garten Eden, sondern sprachen mißbilligend von Parfümgebrauch, was sich nicht für einen Rabbi gehöre. Um dem entgegenzutreten, ließ er sich sogar von einem Arzt untersuchen und erzählte ihm, daß die Patriarchen ihn mit Öl gesalbt hätten (hebr. maschiach heißt der Gesalbte, gemeint ist der geweihte König des Heils). Dieser Arzt bewahrte jedoch jahrelang Stillschweigen darüber. Die Anhänger Sabbatais nahmen aber das Datum dieser Salbungsvision in ihren - wohl für einen späteren Kult gedachten - Festkalender auf.

Aber nicht alle waren sogleich von ihm begeistert. Sogar sein Lehrer habe ihn für sein Aussprechen des heiligen Namens gezüchtigt, und er mußte letztlich aus seiner Heimatstadt nach Saloniki ausweichen. Er wurde auch wegen seiner „befremdlichen Handlungen" mit dem Bann belegt. - Was es mit diesen Handlungen auf sich hat, wird nicht in allem klar. Vorwegnehmend kann festgestellt werden, daß sich diese Handlungen besonders auf die Einhaltung von Fasttagen bezogen.

Sabbatai schafft alte Fastenvorschriften ab und erläßt neue, d.h. er greift tief in den Festkalender ein. Was man seinen Antinomismus genannt hat, ist also nicht das bloße Abschaffen von Vorschriften, sondern deren Umdeutung und Veränderung. Seine Haltung hat also nichts mit Anarchie zu tun, sondern sie zielt auf eine durchgreifende Umgestaltung des Gesetzes. Wenn man sich vergegenwärtigt, eine wie wichtige Rolle das „Gesetz" im Leben und Denken des Judentums spielt - der ganze Talmud ist nichts anderes als Auslegung und Kommentierung der Thora, also eben dieses Gesetzes, dann kann man ermessen, wie groß die von Sabbatai Zwi eingeleitete Umwälzung wirklich war. Wer an die Thora rührt und deren Gesetze neu formuliert, muß gewichtige Gründe dafür angeben können. Sabbatai Zwi besaß den stärksten aller möglichen Gründe: mit ihm als dem Messias ist eine neue Zeit angebrochen, und die messianische Ära steht unter einem neuen Gesetz.

Das zeigt sich nun nicht nur an den vergleichbar harmlosen Vorschriften über das Fasten. Vielmehr besteht seine hauptsächliche Verkündigung im Aufruf zur Buße. Dieser wurde von seinen Anhängern, und deren Zahl nahm immer mehr zu, mit einem derart blutigen Ernst befolgt, daß nicht wenige bei ihren übermäßigen Kasteiungen zu Tode gekommen sein sollen.

Aber auch in anderen Bereichen zeigt sich der erwähnte Antinomismus. Wir haben schon erfahren, daß Sabbatai eigentlich eher zu übersteigerter Reinheit und Keuschheit neigte. Er war aber auch bemüht, die gerade auf diesem heiklen Gebiet besonders wichtigen Vorschriften zu durchbrechen - oder umzudeuten, wie man will. Es wird berichtet, daß er sich von seinen Anhängern deren jungfräuliche Töchter zuführen ließ, was diese bereitwillig taten. Dann schickte er sie nach einigen Tagen ebenso unberührt zurück. Ein höchst merkwürdiges Verfahren, was seinen Ruf als „Narr" wohl noch verfestigt hat. Aber: auf seine provokanten Handlungen erfolgte kein öffentlicher Aufschrei (169). Seine Rede von einem „neuen Gesetz" unterstreicht vielmehr seinen messianischen Anspruch. Er gründet sich u.a. auf Jesaja 51,4, „denn von mir kommt die Weisung". Damit wird die mit dem Messias angebrochene neue Zeit unter ein neues Gesetz gestellt (287). Die nicht zu übersehenden Parallelen zu christlichen Anschauungen werfen die Frage nach einem Einfluß von dieser Seite auf. Vielleicht erklären sie sich aber auch aus der gemeinsamen Wurzel, und, für die noch zu erwähnenden kabbalistischen Spekulationen, aus der gemeinsamen Quelle, die in der Gnosis der Spätantike zu sehen ist, möglicherweise auch, was bestimmte Emanationsvorstellungen angeht, im Neuplatonismus.

Die ausgedehnten Wanderungen Sabbatai Zwis durch die Türkei können wir übergehen. Wichtig ist aber die nächste Station seines Werdegangs, der Aufenthalt im Heiligen Land. Dieser erfolgte gar nicht einmal aus eigenem Antrieb, sondern seine Brüder waren es, die ihm dies nahelegten. Vielleicht waren sie die ständigen Skandale wegen seiner „befremdlichen Handlungen" leid und wollten ihn deshalb erst einmal außer Landes schicken (195). Sie statteten ihn auch dazu sehr großzügig mit Geld aus; wie überhaupt das Geld eine nicht zu unterschätzende Rolle in der ganzen sabbatianischen Geschichte spielt. Davon ist später noch mehr zu sagen.

Die Reise nach Jerusalem läßt sich in das Jahr 1662 datieren (196). Er reiste jedoch nicht direkt nach Jerusalem, sondern verbrachte zuerst eine längere Zeit in Ägypten. Dort wurde er mit Sympathie aufgenommen und er gewann Anhänger unter den angesehensten Vertretern der dortigen Gemeinden. Zu seinen persönlichen Kontakten ist hervorzuheben, daß er Samuel Vital kennenlernte, den Sohn von Chajim Vital, der seinerseits als der wichtigste Schüler des bedeutenden Kabbalisten Isaak Luria anzusehen ist. So kam er in Kontakt mit der damals einflußreichsten Richtung innerhalb der Kabbala, der Schule von Safed im oberen Galiläa. Bemerkenswert ist auch noch ein Detail: Isaak Luria ließ eine Verbreitung seiner Schriften nicht zu. Die Gelehrten, die einen Blick hineinwerfen durften, übten sich darin, sie auswendig zu lernen. Das ist ein Beispiel einer besonders strengen Arkandisziplin: die esoterischen Lehren sollen auch in ihren Texten geheimgehalten werden. Das erhöht natürlich den Anreiz, sie sich zu beschaffen und kennenzulernen. Aber sicher waren die frommen Kabbalisten von Safed über solche Tricks erhaben, und ihre Bewahrung der Geheimnisse war von ernster Absicht bestimmt.

War Sabbatai in Kairo zum ersten Mal in lebendigen Kontakt mit der neueren Kabbala gekommen - bisher hatte er ja, wie erwähnt nur den Sohar studiert, und der stammt aus dem dreizehnten Jahrhundert - so vertiefte sich diese Beziehung zu der Lehre des Isaak Luria und seiner Vorgänger, unter denen Moses Cordovero hervorragt ganz beträchtlich im Heiligen Land, wo Sabbatai offenbar eine ganz neue Periode ernsthafter Studien durchlief. Dabei ist von größter Bedeutung nicht nur, was er selbst davon aufnahm, sondern daß er die lebenslange Freundschaft eines hochbegabten und genialen Mitstudenten gewann: Nathan aus Gaza. Er wurde in der Folgezeit zu seinem eifrigsten Verkünder, und er ist als der Prophet Nathan in die Geschichte der Sabbatianischen Bewegung eingegangen. Er machte von Anfang an die Sache Sabbatais zu seiner eigenen Herzensangelegenheit, und er trat in Rede und Schrift für sie ein. Auch ihn sollte man nicht als „betrogenen Betrüger" mißverstehen, wie es spätere Historiker nur zu gern taten. Vielmehr spricht Scholem überall dort, wo er ihn erwähnt, mit der größten und uneingeschränkten Hochachtung von ihm. Er war im Vergleich zu Sabbatai sicher der Klügere und Gelehrtere. Auch hatte er nicht dessen psychische Merkwürdigkeiten aufzuweisen, um es einmal gelinde auszudrücken. Trotz seiner unbezweifelbaren Überlegenheit trat er völlig selbstlos hinter dem Meister zurück und begnügte sich mit der Rolle seines Verkünders. Die aber nahm er in höchst aktiver Weise wahr, und so geht allein von ihm ein Strom der sabbatianischen Verkündigung in buchstäblich alle Zentren der damaligen Judenheit.

Die Wirkung der sabbatianischen Verkündigung und Propaganda kann man sich gar nicht tiefgreifend genug vorstellen. Einmal umfaßte sie wirklich alle Gemeinden vom hintersten Kurdistan bis nach Westeuropa, von Ägypten bis nach Marokko und von Antwerpen bis nach Galizien, und dann ergriff sie alle Schichten des Judentums. Ermöglicht wurde dieser Erfolg durch ein Netz des jüdischen Reise-, und vor allem auch des Briefverkehrs, das man sich kaum dicht genug vorstellen kann. Selbst nach der späteren systematischen Vernichtung von Dokumenten ist noch so viel übriggeblieben, daß Scholem in Bibliotheken und Archiven noch hunderte von bislang unbekannten Zeugnissen aufspüren und dann in seinem umfassenden Werk zitieren konnte. Die Begeisterung hatte alle Teile der Gemeinden ergriffen, und auch die hochgelehrten und im allgemeinen wohl eher skeptischen Rabbiner wurden größtenteils mitgerissen. Zweifler wurden an den Rand gedrückt und nicht selten bedroht, bis dann später der Umschlag kam und keiner mitgemacht haben wollte …, man kennt das von späteren Gelegenheiten. So kam es, daß auch in westeuropäischen Gemeinden viele ihr Hab und Gut unter Wert verkauften, um ins Heilige Land zu ziehen. Dort jedoch oblag der Messias weiter seinen Studien.

An dieser Stelle ist ein kleiner Exkurs über die Kabbala, speziell in ihrer lurianischen Ausprägung, fällig. Natürlich kann ich von dieser reichen geistigen Welt nur den kleinen Zipfel schildern, den ich davon verstanden zu haben glaube, und das Ganze ist ja auch verwirrend genug. Anstatt nun die verdienstvollen Veröffentlichungen von Gerschom Scholem auch nur im Ausschnitt zu referieren, möchte ich einen anderen Zugang versuchen und zuerst einmal zusammenstellen, um welche Fragen es bei der Kabbala in der Hauptsache geht. Dabei scheinen mir diese drei von grundsätzlicher Bedeutung zu sein:

I. Was geschieht bei der Schöpfung? Wie ist sie überhaupt möglich? Die bleibende Schwierigkeit bei dieser Frage ist ja, wie ist neben dem Schöpfergott überhaupt noch ein geschaffenes Seiendes vorstellbar, das nicht Gott ist? Bei allen, auch früheren kabbalistischen Erklärungsversuchen droht ja die Gefahr einer monistischen Lösung, die auf einen Pantheismus hinausläuft: Deus sive natura, das ist die anziehende, aber auch gefährliche Formel dafür.

Die Kabbalisten von Safed, allen voran Isaak Luria, haben einen höchst geistreichen Ausweg gefunden in der Lehre vom Zimzum, der Selbstverschränkung oder Selbstbeschränkung Gottes. Sie läßt sich so vereinfachend schildern, daß Gott vor aller Schöpfung sich zunächst

aus einem Teil seines Wesens in einen Teil ebendieses Wesens zurückzieht, um so gewissermaßen einen gottfreien Raum einzuräumen, in
den hinein dann seine Emanation der Schöpfungsmacht geschehen
kann. Dieser Raum ist zwar an der Fülle und dem Umfang der Gottheit
gemessen nur eine Winzigkeit und hat gewissermaßen nur die Ausmaße
eines Staubkorns. Aber dieser Raum ist immerhin, von den Geschöpfen
her gesehen, so groß, daß er den ganzen Kosmos beherbergen kann.
Also nochmals: die Erschaffung der Welt ist nur dadurch möglich, daß
sich der Schöpfer in sich zurückzieht und einen gottlosen Raum zuläßt,
damit überhaupt Geschaffenes seinen Platz haben kann.

II. Die zweite Grundfrage ist: Woher stammt das Böse in der Welt?
Hier ist wieder auf die schon in ihren Anfängen geschilderte Grund-
konzeption zurückzugehen, und sie muß noch in ihren entscheidenden
Zügen weitergeführt werden.

Gesagt wurde bereits, daß der Schöpfer im Zimzum einen Hohl-
raum bildet, in den hinein er seine schaffende Macht ergießt. Diese
fließt zunächst über ein kompliziertes System, das in der Spekulation
über die Sefiroth ausgeführt wird, in verschiedene „Schalen". Diese
sind zwar ihrerseits von göttlicher Natur, können aber trotzdem die
Fülle der göttlichen Macht nicht fassen und zerbrechen deshalb. Dieser
Gedanke des „Zerbrechens der Gefäße" nimmt in der kabbalistischen
Lehre einen sehr breiten Raum ein. Bei diesem Zerbrechen der Gefäße
fließt nun etliches von dem göttlichen Licht dahin, wo es nicht soll,
nämlich in den Bereich der Kelipa, den man vielleicht als die „andere
Seite" oder die dunkle Seite der Gottheit auffassen kann. Das ist natür-
lich ein Schaden, der geheilt werden sollte. Und so kommt es zu der
von den Kabbalisten als das „Einsammeln der Funken" geschuldeten
Aufgabe, bei der die Frommen und insbesondere natürlich das erwählte
Volk Israel gefordert sind, tätig zu werden.

III. Damit kommen wir zur dritten Grundfrage, die sich auch
und gerade die lurianische Kabbala stellt. Was ist Erlösung? Sie wird

bedacht in der Lehre vom Tikkun, der Wiederherstellung oder Reinte-
gration der Schöpfung, d.h. zur Herstellung des eigentlich angezielten
harmonischen Zustandes. Dieser ist nicht ohne die Menschen zu erreichen. Hier liegt auch das Versagen Adams in dessen Ursünde; und auch
darüber haben die Kabbalisten tiefsinnige Gedanken entwickelt. Nun
aber, in der Zeit nach Adam, ist das Volk der Juden aufgefordert zum
„Einsammeln der göttlichen Funken, die ins Reich der Kelipa gefallen
sind" und zum Einsammeln der heiligen Seelen.

Das Ganze ist nun kein innerseelischer Vorgang nach der Art der
bloßen Errettung der Seelen, sondern es ist ein kosmischer Vorgang der
Heilung der gesamten geschaffenen Welt. Weil ja in allem und an allem
göttliche Attribute am Werk sind, ist hier auch - wenn man das so sagen
darf - letztlich ein Bereich der Gottheit selbst, der ja unter dem teil-
weisen Mißlingen des Schöpfungswerkes leidet, zu erlösen. Dabei sind
also die Menschen gefordert, und es heißt, „Der Jude hält den Schlüssel
zum Tikkun der Welt in Händen, indem er durch die Erfüllung der
Gebote der Thora immer mehr das Gute vom Bösen trennt" (H 63).
Das also ist die eigentliche Mission der jüdischen Frommen in der Welt
und die von ihnen erwartete Mitarbeit am Werk der Erlösung. Damit
dieser Prozeß aber überhaupt erst in Gang kommt, sendet der große
und so ferne Gott - neben den Engeln und den Propheten - nun den
Messias in die Welt. Ihm kommt also als Verkünder und Mahner zum
Werk des Tikkun eine entscheidende Rolle zu. So ist es nicht verwun-
derlich, daß der Kern der Botschaft des Sabbatai Zwi zunächst in einem
Aufruf zur Buße besteht.

Der Messias soll aber nicht nur künden, er soll auch herrschen.
Nicht umsonst wird er ja nach jüdischer Lehre gesalbt: und das ist die
Berufung zum König der Juden. Aber nur der Juden? Damit wäre er
noch bei weitem unterbestimmt. Der Messias ist nach dieser Lehre der
Retter der gesamten Welt, ja der Schöpfung und letztlich auch des unter
dem ersten Mißlingen leidenden Schöpfers. In erster Annäherung ist er
natürlich auch politischer Herrscher und siegreicher Heerführer, der
das unterdrückte Volk Israel befreien und an seinen ihm gebührenden

Platz setzen soll. Wie man sieht, liegt hier auch eine mystische Deutung des Exils (314) und die Rettung aus der Lage der verachteten Minderheit und die Befreiung zur führenden Stellung unter den Völkern.

Das ist nun wirklich keine geringe Vorstellung, und der sie sich zu eigen macht, kann schon von außen her wie ein Größenwahnsinniger wirken.

Fassen wir das Ganze noch einmal in einer grundsätzlichen Aussage zusammen: Es „entspricht dem inneren, zeitlosen Vorgang des Tikkun, der im Symbol der Geburt der Persönlichkeit Gottes geschildert wird, der zeitliche Prozeß der Weltgeschichte. Der historische Prozeß und dessen geheimste Seele, nämlich die religiöse Tat des Juden, bereiten die endgültige Restitution aller versprengten, ins Exil der Materie gesandten Lichter und Funken vor. So steht es also in der freien Entscheidung des Juden, der durch Thora, Vollzug der Gesetze und Gebet in innige Verbindung mit dem göttlichen Leben tritt, diesen Prozeß zu beschleunigen oder zu verlangsamen. Jede Tat des Menschen hat Bezug auf diese letzte Aufgabe, die Gott seiner Kreatur aufgetragen hat" (H 300). Und weiter: „Die Errettung Israels schließt die Errettung aller Dinge ein. Wenn jedes Ding an seinen rechten Ort gesetzt ist, wenn der Makel an allen Dingen ausgebessert ist, so ist eben das ‚Erlösung'" (H 301).

Dabei kommt besonders auch dem Gebet eine entscheidende Bedeutung zu. Scholem schreibt dazu: „Luria sieht im Gebet eine symbolische Abbildung des Weltprozesses selbst und der im Geiste mystischer Meditation Betende durchwandert nach ihm alle Stufen dieses Prozesses von der äußersten zur innersten (...). Das Gebet ist eine mystische Aktion, die ordnenden Einfluß ausübt (...). Das Gebet ist so an seinem Teil ein wesentliches Stück des großen messianischen Prozesses des Tikkun" (H 303).

Natürlich lauert hier die Gefahr der Magie. Scholem berichtet aber aus seiner eigenen Erfahrung, die er unter den letzten Meistern der Kabbala noch zu seiner Zeit in Jerusalem gewinnen konnte: sie waren von solchem Verdacht frei.

Wenn wir nun wieder auf Sabbatai Zwi zurückkommen, so beginnen wir zu ahnen, bis in welche Tiefen seine mystische Spekulation führt und wir vermögen langsam nachzufühlen, daß der dadurch erwachsende Anspruch an seine messianische Berufung ihn bald zu mehr Aktivität antreiben mußte, als es ein bloßer Aufruf zur Buße und zum Gebet war. Da konnte es nicht ausbleiben, daß sein hoher Anspruch an der schnöden Realität scheitern mußte.

Zunächst hatte es für ihn noch so ausgesehen, daß er sein messianisches Reich bald in Besitz nehmen könnte. Immer wieder aufgehalten von seinen depressiven Phasen, die ihn nie verlassen haben, kam es in einer manischen Phase dann aber doch zur entscheidenden Machtprobe mit dem Herrscher dieser Welt, und das war in seinem Falle der türkische Sultan. So macht sich also der nicht nur durch eigenen Anspruch so genannte, sondern auch durch breiteste Zustimmung seines Volkes legitimierte, eschatologische König zu einer politischen Aktion auf: Er will nun auch sichtbar die Macht ergreifen. Dem stand aber nun einmal der reale Herrscher der Türken und ihres damals noch sehr großen Imperiums im Wege. Also muß er davon überzeugt werden, daß er seine Macht abzugeben und an den legitimen Herrscher, also an den Messias, abzutreten hat. Sabbatai Zwi war der schlichten Überzeugung, daß es doch nur noch eines guten Zuredens bedürfe, und der Sultan würde seinen Thron räumen und ihn, den rechtmäßigen Herrscher, darauf Platz nehmen lassen.

Es gehört zu den unbegreiflichen Vorgängen in der Geschichte, die deren Muse Klio manchmal bereithält, dass der Sultan nun nicht gleich seine überlegene Armee und Polizei auf diesen ekstatischen Haufen begeisterter Juden losließ, die sich da im Jahre 1672 seinem Palast näherten. Schon die bloße Anreise gestaltete sich zum Triumphzug. Die Anhänger des Messias breiteten ihre Gewänder und kostbare Teppiche vor seinem Reittier aus, und auf einer Woge von Begeisterung wurde dieser zum Palast geleitet.

Nun geschah das zweite Wunder in dieser an erstaunlichen Fakten nicht gerade armen Geschichte: Sabbatai Zwi wurde zum Sultan vorgelassen, und der hörte sich sein Anliegen an. Dieser sonderbare Heilige muß ihn durchaus beeindruckt haben, aber der Sultan, der gerade von einem erfolgreichen Feldzug zurückgekehrt war und in Ungarn große Teile dieses Landes seinem Imperium angliedern konnte, war begreiflicherweise nicht in der Stimmung, gerade jetzt die Macht abzugeben. - Was dann folgt, wird in den Quellen verschieden berichtet. Natürlich verbreiteten die Anhänger, die Türken hätten ihrem Messias den Tod unter fürchterlichsten Qualen angedroht, wenn er nicht – zum Islam übertrete.

Und nun folgt der Umschlag in der bisher so glänzenden Karriere des Sabbatai Zwi (wenn man einmal von seinen Krankheitszuständen absieht): er nahm den Turban und trat zum Islam über. Er wurde nun festgenommen und auf einer Festung interniert, aber immer noch mit einer erstaunlichen Milde und Langmut behandelt. Die Türken hätten ihn ja durchaus als Aufrührer abtun können; aber sie zogen es vor, ihn am Leben zu lassen. Sie sperrten ihn zwar zunächst ein, aber jeder konnte ihn besuchen, der nur die Hand seiner Wärter genügend einölte. Wieder zeigt sich eine Bestätigung der alten Beschreibung des osmanischen Reiches: Despotismus, gemildert durch Korruption. So bekamen die wohlhabenden Brüder des Sabbatai noch die Gelegenheit zu mancherlei „Spenden", um die Lebensumstände des Gefangenen erträglicher zu machen.

Soviel zu den äußeren Lebensumständen des gescheiterten Messias in der ersten Zeit nach seiner Apostasie. Wie war nun die Reaktion bei seinen Anhängern? Hier gab es verschiedene Weisen, mit diesem zunächst überraschenden und katastrophalen Ereignis umzugehen. Einige folgten ihm auf dem Wege in den Islam. Aber das ist nicht das Entscheidende. Das Bemerkenswerteste ist, daß große Teile seiner Anhängerschaft an dem Glauben an Sabbatai Zwi festhielten. Natürlich wäre ein Messias, der standhaft das Martyrium auf sich genommen hätte, für sie leichter zu akzeptieren gewesen. Wenn das aber nun einmal nicht der Fall war, dann mußte sein Fall umgedeutet werden. Bei der kreativen Phantasie der sabbatianischen Theologen war auch das keine unüberwindliche Schwierigkeit: Der Messias war dann eben in das Reich der Kelipa hinabgestiegen, um es von innen her zu überwinden (881)! Ehe man sich darüber allzu sehr verwundert, sei an den Satz des Apostolischen Glaubensbekenntnisses erinnert, das von Jesus lehrt: „Abgestiegen zu der Hölle". Das ist doch noch um einiges schwerer zu verarbeiten als der Übertritt zu einer nicht ganz fremden Religion, wie es der Islam ist, der ja auch alttestamentliche Wurzeln hat.

Dem Messias wurde damit eine „heilige List" zugeschrieben, und das Ganze schlichtweg zum Mysterium erklärt und damit der Kritik entzogen: „Deshalb ist es für ein Geschöpf absolut unmöglich, etwas von seinen Taten zu begreifen, und wer immer sagt, daß er die Wege des messianischen Königs versteht, irrt völlig" (Cardoso; 881).

Einmal wurde Sabbatai angeklagt, den Islam beleidigt oder verleumdet zu haben. Das hätte normalerweise die Todesstrafe nach sich gezogen. Er kam jedoch mit mehreren Monaten Gefangenschaft davon (977). Auch sonst blieb sein Verhalten befremdlich. Neben seiner Frau Sara soll er eine andere Frau geheiratet haben, die jedoch schon verlobt war. Das wäre nun nach jüdischem Gesetz Ehebruch gewesen. Er behauptete jedoch, diese Frau nicht berührt zu haben, und so wirft auch diese Art der Provokation ein Licht auf sein „paradoxes und verwickeltes Sexualleben", wie Scholem formuliert (979).

Seine letzten Lebensjahre verbrachte der Messias a. D. in einem Ort im heutigen Albanien, Dulcigno. Hier durfte seine Frau Sara auch bei ihm leben. Sie starb jedoch 1674, und Sabbatai ging im nächsten Jahr eine neue Ehe ein. Ich habe die Übersicht verloren, die wievielte das nun schon war. - Sonst scheint sein Leben, von manchen Besuchen seiner Getreuen abgesehen, recht eintönig verlaufen zu sein. Dafür wurde er zum ersten Mal auch zum Schriftsteller: Er schrieb einen Text: „Mysterium der Gottheit" (996). Inhaltlich ist es eine Auslegung von bestimmten Partien des Sohar (996). Ein Gedanke daraus ist, daß der Gott seines Glaubens aus einem höheren Prinzip emanierte und deshalb eher eine zweite als eine Erste Ursache ist. Eine solche Überlegung ist nun vom jüdischen Standpunkt her eindeutig häretisch und vom Islam her erst recht blasphemisch. - Aber unabhängig von seinen einzelnen spekulativen Gedanken zeigt doch dieser wie ein spirituelles Testament angelegter Versuch, daß Sabbatai Zwi damit wieder in die gedankliche Welt seiner ersten theologischen Studien eingetaucht ist. So schließt sich für ihn ein Kreis.

Im Jahre 1676 erlebt Sabbatai erneut eine „große Erleuchtung" und führt sich danach in einer Weise auf, die die Türken aufbrachte. In einer Art Prozession marschierte er (in Begleitung von Anhängern?) zu dem Stadtviertel, in dem die türkischen Beamten und Würdenträger lebten, und bestieg um Mitternacht einen Turm, womöglich das Mina-rett einer Moschee, und sang Lieder und Hymnen. Es geschah ihm aber nichts; seine Anhänger nutzten diese Episode zu einer erneuten Legen-denbildung und fabulierten von einer wunderbaren Errettung. Die Erklärung dürfte schlichter sein: die Türken nahmen ihn nicht mehr ernst, und so hatte er Narrenfreiheit (1007). Andererseits schrieb er sich in einem Brief kurz nach Pesach des Jahres 1676 wiederum Göttlichkeit zu. Dieser Text scheint aber nicht in die Hände der Türken gefallen zu sein.

Bald danach erfüllte sich das wechselvolle Leben des Messias, und sein Erdenwandel nahm ein trauriges Ende. Am 17. September 1676 zwei Monate nach seinem 50. Geburtstag stirbt Sabbatai Zwi einen sehr elenden und gar nicht heldenhaften Tod: die nächste Ursache scheint eine Verstopfung gewesen zu sein. Scholem diagnostiziert nach den beschriebenen Symptomen colitis ulcerosa (1013).

Sein Tod scheint zunächst von seinen Anhängern geheimgehalten worden zu sein. Später gilt sein Tod ihnen als „Verhüllung" (1014). Auch hierzu weist die Religionsgeschichte verblüffende Parallelen auf. Was ist von dieser merkwürdigen Gestalt zu halten? Ein Fazit in wenigen Worten ist nicht möglich. Vielleicht aber darf auch an eine Formulierung von Friedrich Nietzsche erinnert werden – der dabei aber wohl an eine andere Gestalt gedacht hat. – „Ein Religionsstifter kann ein Streichholz sein."

Kalenderblatt für Jehuda Halevi
Nachrichten aus der Welt der Drei Ringe

Anspielend auf eine beliebte Morgensendung im Deutschlandfunk möchte ich Ihnen heute etwas von einem jüdischen Dichter aus dem alten Spanien berichten. Jehuda Halevi ist um 1085 in oder bei Toledo geboren, und seiner ist in dreifacher Hinsicht zu erinnern. Er war Arzt, und das war für einen Juden aus dem spanischen Mittelalter nichts Ungewöhnliches. So schreibt Américo Castro in seinem monumentalen Werk „Spanien. Vision und Wirklichkeit" Köln Berlin 1957: „die Medizin zu pflegen und die arabische und die hebräische Sprache zu beherrschen, waren untrügliche Merkmale der jüdischen Tradition". (Castro, a. a. O., S. 476; vgl. Julius Guttmann, „Die Philosophie des Judentums." München 1933, S. 138-153)

Er entspricht dieser allgemeinen Charakterisierung und daraus ist zu entnehmen, dass Jehuda mit Sicherheit seine medizinischen Studien anhand von arabischer Literatur gemacht hat, denn eine hebräische Fachliteratur gab es damals noch nicht, während die muslimischen Autoren des Mittelalters die Erben der antiken medizinischen Tradition waren und so diese an den Westen vermittelten. Dabei ist aber noch zu beachten, dass der Ort dieser Vermittlung eben die Stadt Toledo war, in der die Übersetzerschule von Toledo tätig war. Dabei ist unbedingt zu berücksichtigen, dass über die Kenntnis der arabischen und der spanischen Sprache nur die Juden verfügten, während die Zielsprache der Übersetzung das Lateinische war. So übersetzte also ein sprachkundiger Jude den arabischen Text ins Spanische und zwar mündlich, während ein Spanier diesen ins Lateinische übersetzte, wobei die spanische Zwischenübersetzung gar nicht erst schriftlich fixiert wurde. Man kann dieses Verfahren auch mit der Knappheit und dem hohen Preis des Schreibmaterials erklären.

Die in Toledo erarbeiteten wissenschaftlichen Texte, wozu besonders auch Mathematik und Astronomie, sowie die gesamte medizinische

Tradition gehörten, gelangten nun nach Frankreich, wo besonders die Schule von Chartres aktiv war und diese wissenschaftlichen Schätze in der damaligen Wissenschaftssprache Europas, dem Lateinischen, allgemein zugänglich machte. Soviel zur allgemeinen Form des damaligen Wissenstransfers, an dem die spanischen Juden einen entscheidenden Anteil hatten. In diesem geistigen Klima ist also auch Jehuda Halevi beheimatet gewesen, während über seine persönliche Leistung in der Medizin nichts Spezielles überliefert ist.

Jehuda Halevi gilt aber außerdem noch als der größte hebräische Dichter der nachbiblischen Zeit, und es sind von ihm etwa 400 Gedichte überliefert. Diese Gedichte sind von ihrem Inhalt her häufig Gebete; viele von ihnen sind auch vertont worden, und sie werden bis auf den heutigen Tag in der Synagoge vorgetragen. Dabei ist, und das ist eine Anmerkung für Christen, in der Synagoge keinerlei Gemeindegesang üblich.

Die Gedichte von Jehuda Halevi, wie andere dieser Art, werden nur von Kantoren vorgetragen, und das ist eine eigene Kunstform innerhalb der jüdischen Frömmigkeit. Von den überlieferten rund 400 Gedichten Halevis hat Franz Rosenzweig, der auch als Bibelübersetzer und durch sein theologisches Hauptwerk „Der Stern der Erlösung" bekannt ist, viele ins Deutsche übersetzt: Franz Rosenzweig, „Jehuda Halevi, Zweiundneunzig Hymnen und Gedichte Deutsch." Berlin Verlag Lambert Schneider 1927. Aus diesem Übersetzungswerk möchte ich Ihnen 3 kürzere Beispiele vortragen:

1. Der Jude
Es schmähn mich Deinethalb, die irrn durch Nächte,
die Diener erzgegossner Wahngemächte,
Erwidert ich: Gott Dienen ist das Rechte.
Was wirken jene, was nicht Er vollbrächte?
Wenn Er mir grollt, bin ich der Knecht der Knechte.
Ist er mir hold, bin ich die Macht der Mächte.
(Rosenzweig, a. a. O., S. 105)

2. Der kranke Arzt

Heile mich Du, mein Gott, so bin ich heil.
Nicht brenn mich Deines Zornes Feuerkeil.
Extrakt und Medizin sind Dein, – ob gut
ob bös, ob stark ob schwach sie tun. Dieweil
Du es, der auswählt, Du, nicht ich, und Dein
Allwissen lenkt, lenkt nicht, zum Ziel den Pfeil.
Nicht setz auf meinen Heiltrank ich Vertraun,
nur Deines Heiltrankes werde mir zuteil.
                            (Rosenzweig, a. a. O., S. 73)

3. Ereignis

Die Sphären des Himmels sahn dein Glänzen, da wanken sie.
Die Wogen des Abgrunds, als du auszogst, still sanken sie.
Und wie solln die Seelen stehn, dort wo Dein Geheimnis haust,
wo Feuer durch Felsen schlägt, daß flammend zerschwanken sie.
Doch stark wird ihr Herz durch Dich, wofern Du sie stärken willst,
daß folgend den Geistern, die dein Sein schauen, danken sie.
Drum Lob aller Seelen steig' zu Dir auf, o Herregott,
denn Lobworte finden Dich, den prächtig umranken sie.
                            (Rosenzweig, a. a. O., S. 21)

Neben seiner dichterischen Leistung ist aber Jehuda Halevi auch noch durch sein großes religionswissenschaftliches Werk „Kusari" bekannt, und das ist der Grund, weshalb ich Ihnen diesen jüdischen Autor heute nahebringen möchte. Das Buch „Al-Chazari", aus dem Arabischen des Abu-L-Hasan Jehuda Hallewi, übersetzt von Dr. Hartwig Hirschfeld. Breslau 1885, Nachdr. Wiesbaden 2000. Er berichtet darin von der Bekehrung des Chasarenherrschers zum Judentum allein durch die Überzeugungskraft des Wortes.

Diese Geschichte, die ein spanischer Jude weitab von dem Geschehen auf dem Gebiet der ehemaligen Sowjetunion erzählt, klingt zunächst so phantastisch, dass man eher an eine orientalische Legende als einen

Bericht über geschichtliche Ereignisse denken möchte. Es ist daher ganz natürlich, wenn man sich bei der anerkannten historischen Wissenschaft rückversichern möchte, ob dem wirklich ein geschichtlicher Kern zugrunde liegt. Ich zitiere deshalb zunächst aus der „Russischen Geschichte" von Günther Stökl, 2. erweiterte Auflage Stuttgart 1965: „Die Chazaren waren ursprünglich eine der ,räuberischen Horden' Asiens, ein türkisches Nomadenvolk mit kaukasischen Elementen. Aber im Unterschied von vielen anderen solchen ,Horden' gelang es ihnen, im 7. Jahrhundert nördlich des Kaukasus und an der unteren Wolga ein stabiles Staatswesen zu errichten. Dieser chazarische Staat beherrschte wichtigste Handelswege, er pflegte im allgemeinen freundschaftliche Beziehungen zu Byzanz und hat zweifellos durch lange Zeit eine wichtige Vermittlerrolle in verschiedener Richtung gespielt. Die chazarische Herrschaft hatte die Form tributärer Abhängigkeit und scheint nicht sonderlich drückend gewesen zu sein. Das friedliche Nebeneinander der Religionen im Chazarenstaat, in dem Christentum und Islam in gleicher Weise toleriert wurden, obwohl die führende Schicht sich im 9. Jahrhundert der jüdischen Religion zuwandte, beweist das mittelbar." (Stökl, a. a. O., S. 30 f.)

Das Werk von Jehuda Halevi ist in 5 Bücher eingeteilt, von denen das erste eine allgemeine Einleitung enthält, aber auch schon eingehende Berichte über die Religionsgespräche am Hofe des Chasarenherrschers.

Zuerst tritt ein griechischer Philosoph auf und vertritt die Anfangslosigkeit der Welt (S. 2 f.); diese These scheint den Herrscher nicht sehr beeindruckt zu haben.

Als Nächster tritt ein Christ auf, der im Gegensatz zum Philosophen diese Lehre vorträgt: „Ich glaube, daß alles Erschaffene einen Anfang hat, während der Schöpfer anfangslos ist, daß er die gesamte Welt in sechs Tagen erschaffen hat, daß die Menschen Abkömmlinge Adam's, dann Noah's sind und alle sich von ihm herschreiben, daß Gott um die Geschöpfe Sorge trägt und mit den Menschen in Verbindung steht ...!" (S. 6 f.)

Aber auch dieser Vortrag veranlasst den Herrscher nicht, sogleich die Taufe anzunehmen, sondern er hört nun einen muslimischen Gelehrten an. Der gibt, und das ist eine bemerkenswerte Leistung des jüdischen Autors Halevi, eine knappe und treffende Darstellung des Islam, die es sich lohnt im Wortlaut anzuführen: „Wir lehren die Einheit und Anfangslosigkeit Gottes, die Abstammung des Menschen von Adam und Noah, wir verwerfen durchaus jegliche Verkörperung, und wenn etwas davon in der Schrift vorkommt, erklären wir es dahin, daß wir sagen, das sei übertragen und annähernd aufzufassen. Zugleich glauben wir, daß unsere Schrift das Wort Gottes und an sich ein Wunder sei, welches um seiner selbst willen anzuerkennen unsere Pflicht ist. Denn weder kann jemand etwas ihm, noch auch nur einem seiner Verse ähnliches bringen. Unser Prophet ist das Siegel der Propheten, der jede vorhergehende Religion aufhebt und die Völker insgesamt zum Islam ruft. Der Lohn des Frommen ist die Rückkehr seines Geistes in seinen Körper in Paradieses Freuden und Wohlgenuß, wo er weder Speise noch Trank noch Liebesfreuden entbehrt, noch was er sonst wünscht. Hingegen ist die Strafe des Ungehorsamen die Rückführung in das Höllenfeuer, und seine Strafe nimmt kein Ende." (S. 8 f.)

Nach dem Vertreter des Islam ruft der Fürst nun einen jüdischen Rabbi zu sich, der die folgende Lehre vorträgt: „Ich glaube an den Gott Abrahams, Isâks, Israels, den, der die Israeliten mit Zeichen und Wundern aus Egypten geführt, ihnen in der Wüste Speise verschafft und ihnen das Land (Palästina) gegeben hat, nachdem er sie unter Wundern das Meer und den Jordan hat überschreiten lassen; daß er Moses mit seiner Lehre, dann Tausende von Propheten gesandt hat, die seinen Glauben durch Verheißungen für denjenigen befestigten, der sie beobachtete und durch Drohungen für den Widerstrebenden. Unser Glaube ist das, was in der Tôra enthalten ist, und das bedarf einer weitläufigen Behandlung." (S. 10 f.)

Es ist nun leider nicht möglich, dass dieses Referat einer solch weitläufigen Behandlung bis in alle Einzelheiten folgt. Ich kann daher aus den Darstellungen der jüdischen Lehre und des Lebens der Juden nur einzelne Textproben mitteilen.

Im Laufe der biblischen Geschichtserzählung wird ein schwerwiegender Fall von Ungehorsam berichtet. Es handelt sich um die bekannte Geschichte vom „goldenen Kalb": „Diese Sünde ist indessen nicht gleichbedeutend mit Heraustreten aus dem allgemeinen Gehorsam, gegen den, der sie aus Egypten geführt hatte, sondern sie hatten nur einigen seiner Befehle zuwidergehandelt. Denn Gott hatte die Bilder verboten, die aber machten sich ein Bild." (S. 36)

Aus den Gesprächen zwischen dem Herrscher der Chasaren und dem Rabbi: „Als nun der König in der Thôra und den Büchern der Propheten forschte, nahm er jenen Rabbi zum Lehrer und stellte allerlei Fragen an ihn über hebräische Gegenstände. Zuerst fragte er ihn über die Gott zugeschriebenen Namen und Eigenschaften... Der Rabbi: die Namen Gottes sind sämtlich, mit Ausnahme des Vierbuchstabigen, Prädikate und relative Attribute, hergeleitet von den Affectionen seiner Geschöpfe, sowie auf Grund seiner Beschlüsse und Maßnahmen. Er wird barmherzig genannt, wenn er dem Zustande jemandes abhilft, mit dem die Menschen seiner traurigen Lage wegen Mitleid zu haben pflegen. Man schreibt dann Gott Erbarmen und Mitleid zu, was nach unserer Ansicht in Wahrheit nur eine Seelenschwäche und Regung der Natur ist. Auf Gottes Wesen ist das nicht anwendbar, vielmehr ist er ein gerechter Richter, der die Armuth des Einen und den Reichthum des Anderen bestimmt, ohne daß er in seinem Wesen dadurch verändert würde, noch daß er mit dem einen Mitleid empfände, dem anderen aber zürnte." (S. 51)

Jehuda Halevi erweist sich hier als ein präzise unterscheidender Theologe, der in der populären Rede das Anthropomorphe und daher theologisch Inkorrekte genau vermerkt. Nach diesen Belehrungen ist nun der Herrscher der Chasaren soweit überzeugt, dass er zusammen mit seinem Vesir „jene Höhle aufsucht, in welcher die Juden ihren Sabbath zu feiern pflegten." (S. 50) Dort lassen sich der Herrscher und sein Vesir beschneiden und sind damit ins Judentum aufgenommen.

Als ein weiteres Beispiel aus den Belehrungen durch den Rabbi folgt nun ein Abriss der Moraltheologie. „Das göttliche Gesetz legt uns keine Askese auf, will vielmehr, daß wir immer den richtigen Weg einhalten und jeglicher seelischen und körperlichen Kraft, soviel sie ertragen kann, zu Theil werden lassen ohne eine Kraft auf Kosten einer anderen zu sehr in Anspruch zu nehmen. Denn wer die Kraft der Begierde bei sich zu sehr vorherrschen läßt, kürzt seine Denkkraft und umgekehrt, wer zur Gewaltsucht hinneigt, verringert eine andere Kraft. Viel Fasten ist kein Gottesdienst für denjenigen, der von Begierden vollkommen frei ist und sie zum Schweigen gebracht hat, dessen Körper hinfällig ist; eher ist hier die Pflege eine Entziehung und eine Art Gottesfurcht." (S. 85)

Man sieht, in dieser Moral ist kein Platz für Rigorismus oder Skrupulantentum. Unser Autor fährt fort: „Auch das Verringern des Vermögens ist kein Gottesdienst, wenn man es auf erlaubte und leichte Weise gewonnen hat, und sein Erwerb nicht vom Streben nach Kenntnissen und (guten) Handlungen abzieht, am allerwenigsten für denjenigen, der ein Hauswesen und Kinder hat. Er mag davon zu Almosen hingeben – was Gott keineswegs mißfallen wird – aber Vermehrung seiner Habe ist besser für ihn. Im Allgemeinen ist unser Gesetz getheilt zwischen Furcht, Liebe und Freude, mit jeder einzigen davon kannst du dich Gott nähern. Denn deine Zerknirschung an Festtagen steht Gott nicht näher als deine Sabbath- und Festfreude, wenn diese aus andächtigem Herzen kommt. Wie die Gebete eine andächtige Gesinnung erfordern, ebenso erfordert die Freude an seinem Gebot und Gesetz eine andächtige Gesinnung, damit du dich aus Liebe zum Gesetzgeber am Gesetze selbst erfreuest, siehst, wie sehr er dich dadurch bevorzugt hat, als ob du sein Gast, an seine Tafel und seine Lust geladen worden wärest. Du dankst ihm nun dafür innerlich und äußerlich, und wenn deine Freude dich sogar bis zu den Grenzen des Gesanges und Tanzes führt, so ist das ein Gottesdienst und ein festes Band zwischen dir und dem göttlichen Einfluß." (S. 85 f.)

Jehuda Halevi fügt nun ein umfangreiches Kapitel ein über die hebräische Sprache. Er beantwortet damit die Frage des Chasaren-Herrschers: „Hat denn die hebräische Sprache einen Vorzug vor anderen Sprachen, welche ja augenscheinlich vollkommener und wortreicher sind?" (S. 97) Man könnte meinen, dass er hier an das Arabische denkt, das eine Grammatik hat, die der hebräischen ähnelt, aber ungleich formenreicher ist. Ein arabisches Verbum bildet circa 6800 regelmäßige Formen, und auch der Wortreichtum des Arabischen ist sehr viel größer, wenn man beispielsweise an die vielen Bezeichnungen für die Farbschattierungen des Wüstensandes denkt. Aber hier geht es nicht um Fragen der reinen Sprachwissenschaft und schon gar nicht um Quantitäten. In seinem umfänglichen Exkurs zeigt der Rabbi vielmehr die Eignung der hebräischen Sprache, das Wort Gottes aufzunehmen.

Dafür hat sich die hebräische Sprache im Laufe ihrer Entwicklung fähig gemacht. Sprache ist aber nicht nur Grammatik und Wörterbuch, sondern auch die Vielfalt der mündlichen Rede. Jehuda Halevi führt dazu aus: „Beim Sprechen wird bezweckt, daß dasjenige, was in der Seele des Redenden vorgeht, in die des Hörenden hinüber geleitet werde. Dieses Streben kann aber in wirklicher Vollkommenheit nur ausgeführt werden, wenn es von Lippe zu Lippe geht, weil die mündliche Mitteilung vor dem Geschriebenen immer einen Vorzug hat. Sagt man doch: „Aus dem Munde der Schreibenden", aber nicht „Aus dem Munde der Bücher." Denn bei mündlicher Mittheilung kann man sich helfen, indem man am Orte der Pause stehen bleibt, bei fortlaufender Rede im Ton verharrt, der Rede mehr Nachdruck giebt oder sie abbricht, Verwunderung, Frage, Erzählung, Wunsch, Furcht und Ergebung durch Gesten, Minenspiel und durch Bewegungen ausdrückt, ohne welche die äußerlich wahrnehmbare Rede unzulänglich sein würde." (S. 99)

Die weiteren Belehrungen über die Differenzierungsfähigkeiten der hebräischen Sprache kann ich hier nun nicht mehr ausbreiten. Das alles dient jedoch, nach den Worten des Rabbi, die hebräische Sprache für die Wiedergabe des heiligen Wortes geeignet und sie damit selbst zu einer heiligen Sprache zu machen. Ausführliche Beschreibungen gelten nun noch der Astronomie und den Festzeiten. Man sieht daraus, wie Jehuda Halevi seinem königlichen Gesprächspartner die ganz und gar vom Göttlichen durchdrungene und bis in die letzten Einzelheiten gestaltete Lebenswirklichkeit des jüdischen Volkes verständlich machen will.

Eine wichtige Rolle spielt darin die Unterscheidung des Reinen und des Unreinen. Sie war von besonderer Bedeutung für den Dienst im Tempel, den es ja nun nach dessen Zerstörung durch die Römer nicht mehr gibt. Der Rabbi erklärt: „Unreinheit und Heiligkeit sind zwei einander entgegengesetzte Begriffe, von denen der eine ohne den anderen nicht gedacht werden kann; wo keine Heiligkeit, da keine Unreinheit, denn die Begriffe der Unreinheit bedeuten lediglich etwas, was den damit behafteten verbietet, heiligen Gegenständen zu nahe zu kommen, die Gott für sich ausgesondert hat: Priester, deren Speisen, Kleidungsstücke, Heben („Hebe, Teruma, die Abgaben für den Unterhalt des Heiligtums und der Priester; insbesondere die Erstlingsfrüchte und der sog. zweite Zehent." Lexikon des Judentums, Gütersloh 1971, Sp. 276), Opfer, Tempel und vieles dergleichen mehr. In derselben Weise bedeuten die Begriffe der Heiligkeit ein Ding, welches den damit Behafteten verbietet, sich vielen gewöhnlichen Dingen zu nähern. Diese Dinge hängen größtenteils von der Gegenwart der Schechînah ab, die uns jetzt fehlt." (S. 158)

Sie erinnern sich, die Schechînah ist jene Wolke, die vor dem durch die Wüste wandernden Gottesvolk herzieht und ihm den Weg weist. Daran lassen sich sehr tiefe und weitreichende Gedanken anknüpfen. In dieser Wolke ist der Gott anwesend. Die Wolke ist sichtbar, aber der Gott ist es nicht. Sein Anblick würde die Menschen vernichten. Was sie allenfalls aushalten können, ist der Anblick dieser Wolke.

Nun sagt Jehuda Halevi völlig zu Recht, dass die Juden und auch alle anderen Menschen diese Wolke nicht mehr zu sehen bekommen. Daraus folgt: der normale Zustand der Menschen ist eine negative Erfahrung, die Abwesenheit der den lebendigen Gott verhüllenden

Wolke. Die Grundtatsache der menschlichen Existenz ist also eine doppelte Negation: Das Fehlen der Erfahrung Gottes und sogar das Fehlen der ihn sichtbar und unsichtbar einhüllenden Wolke. Diesen Zustand kann man als potenzierten Atheismus bezeichnen, und zwar nicht als These, sondern als grundlegende Erfahrung des menschlichen Lebens.

In diesem Sinne sind wir alle Atheisten, was auch die Gläubigen einschließt. Denn bis auf wenige Mystiker entbehren alle der Erfahrung des lebendigen Gottes. Was wir über ihn zu wissen glauben, stammt aus den Büchern, die die Religionen als ihre heiligen Texte verehren.

In den Lehrreden des Rabbi, so wie sie Jehuda Halevi beschreibt, finden sich auch ausführliche Erörterungen über die verschiedenen in der Schrift gebrauchten Gottesnamen. Es heißt dort: „Die Bedeutung von Elôhîm kann auch auf spekulativem Wege erfaßt werden, weil der Verstand darauf bringt, daß die Welt einen Leiter und Ordner habe. Die Menschen sind auf Grund ihrer Spekulationen verschiedener Meinung, aber die nächstliegende Antwort dafür, ist die der Philosophen. Hingegen ist die Bedeutung von Ewiger auf speculativem Wege nicht zu erfassen, sondern nur durch gegenwärtiges Anschauen mit jenem prophetischen Blick, durch den der Mensch gewissermaßen von seinesgleichen getrennt und der Gattung der Engel nahe gebracht wird." (S. 208)

Der verständnisvolle Chasarenherrscher sagt dazu: „Der Unterschied zwischen Elôhîm und Ewiger ist mir nunmehr klar geworden, und ich sehe, wie der Gott Abrahams sich von dem Gotte des Aristoteles unterscheidet." (S. 209 f.)

Mit denselben Worten beschreibt später Pascal seine erschütternde Erfahrung, die er im „Memorial" festgehalten hat.

Um die von dem Rabbi beschriebenen Erfahrungen der Menschen näher verstehen zu können, ist nun auch eine genaue Erörterung über den Empfänger dieser Erfahrungen nötig. Das heißt, ein Verstehen der Lehren über den Gott setzt eine tiefe Kenntnis des Menschen voraus. Also enthalten die Lehrreden des Rabbi auch eine Anthropologie.

Die Empfangsorgane für die Erkenntnis sind die Sinne, und unter diesen unterscheidet er äußere und innere, genauso wie später der Heilige Thomas und in analoger Weise auch Kant. Auch davon nun einige Textproben: „Die äußeren Sinne sind somit bekannt, von den inneren ist das erste das Gemeingefühl, denn das Nützliche und Schädliche können nur durch Erfahrung erkannt werden, daher ist eine vorstellende Kraft nothwendig, um durch sie die Gestalten der wahrnehmbaren Dinge festzuhalten – das ist das Gemeingefühl. Ferner die erinnernde, die Gedächtniskraft, um den Inhalt der wahrgenommenen Dinge aufzubewahren, die vorstellende Kraft, durch welche wiedergewonnen werden soll, was dem Gedächtnis versagt war. Die urtheilende Kraft, um bei dem vor der Vorstellungskraft neu hervorgebrachten Wichtigen, beziehungsweise Falschen gewissermaßen prüfend stehen zu bleiben, bis man es in das Gedächtnis zurückkehren läßt. Endlich die bewegende Kraft, um von Nah und Fern das Nothwendige herbeizuschaffen und das Schädliche abzuwehren. Sämtliche Kräfte des lebenden Wesens sind entweder wahrnehmend oder bewegend." (S. 251 f.)

Leider muss ich aus zeitlichen Gründen diese subtilen phänomenologischen Analysen hier abbrechen. Es dürfte klar geworden sein, dass es sich bei Jehuda Halevi um einen umfassend gebildeten und tiefgründigen Denker handelt. Natürlich spielt auch in den wiedergegebenen Gesprächen die Aufgeschlossenheit und das lebendige Interesse des Chasarenherrschers eine wichtige Rolle, ohne dass seine Bekehrung zum Judentum sowie die Bekehrung großer Teile seines Volkes nicht möglich gewesen wäre.

Wir müssen uns nun der profanen Geschichte zuwenden, wenn wir erfahren wollen, was aus diesen vielversprechenden Anfängen in der Folge geworden ist. Wir wenden uns daher der in vieler Hinsicht unerfreulichen russischen Geschichte zu, und lernen zunächst einen großen Schlagetot kennen, der bei den Russen immer noch als einer der Großen ihrer Geschichte gilt. Hören wir also möglichst unbefangen zu: „Igors und Olgas Sohn Svjatoslav (962-973) wird von altrussischen

Chronisten im Stile eines Heldenliedes als gewaltiger, unbesiegbarer Kriegsfürst dargestellt. Die Glorifizierung hat ihre Parallele in der nationalrussischen Geschichtsschreibung bis zum heutigen Tag. In der Tat erfahren wir von der Regierung Svjatoslavs nichts anderes als ruhmreiche kriegerische Unternehmungen nach allen Richtungen (...) Den ersten Stoß führte Svjatoslav nach Nordosten (...) Das nächste Angriffsobjekt (...) im Osten waren die Wolgabulgaren. Svjatoslav hat sie besiegt und sich darauf den Herren der Wolgabulgaren, den Chazaren, zugewendet.

Der Angriff gegen die Chazaren führte bis tief in den Kaukasus hinein und bedeutete das Ende des Chazarenstaates." (Stökl, a. a. O., S. 49)

Zum Glück hat dieser Kriegsfürst nur eine Eroberungs- und keine Ausrottungspolitik betrieben. In die von ihm für die russische Herrschaft eroberten Gebiete wanderten später jüdische Flüchtlinge aus dem Westen ein, die vor den fürchterlichen Pogromen im Zuge der Kreuzzüge geflohen waren. Überlebende Chazaren und zugewanderte Flüchtlinge, beispielsweise vom Oberrhein, bildeten also den Grundstock des Ostjudentums, und ihre Sprache war das Jiddische, ein Dialekt des Mittelhochdeutschen.

Kehren wir nun zu den Schilderungen des Jehuda Halevi zurück. Gegen Ende seines Buches schreibt er über den Rabbi, der die Chasaren mit der Kraft seiner überzeugenden Rede bekehrt hatte: „Jetzt beschloss der Meister das Land der Chazaren wieder zu verlassen, um nach Jerusalem auszuwandern. Es fiel aber dem Chasarî schwer, sich von ihm zu trennen, (...) indem er sagte: „Was sucht man heute in Palästina, wo die Gottheit jetzt nicht mehr weilt, während die Annäherung durch reine Gesinnung an jedem Orte erlangt werden kann. Weswegen willst Du auch zu Lande und zu Wasser und bei allerhand Völkern Dich in Gefahren stürzen?" Da entgegnete der Rabbi: „Die sich sonst dem Blicke offenbarende Gottheit ist heute allerdings nicht mehr dort, weil sie sich an einem besonderen Orte nur einem Propheten oder einer gottgefälligen Menge offenbart. Auf dieses hoffen wir in dem Ausspruche: „Denn Auge in Auge werden sie sehen, wenn Gott nach Zion zurückkehrt." (vgl. Jes., 52,8) Damit erinnert er an die Endzeitverheißung. In dem Bericht über den Auswanderungsplan des Rabbi spricht Jehuda Halevi hier in eigener Sache. Im Jahr seiner Geburt hatten die spanischen Christen im Rahmen der Reconquista auch seine Heimatstadt Toledo zurückerobert.

Jehuda Halevi hat also sein ganzes Leben unter christlicher Herrschaft verbracht. Ich weiß nicht, ob das zu seinem Entschluss beigetragen hat, seinerseits im Jahre 1140 mit seiner Familie in das Heilige Land auszuwandern. Leider hatte er die unglückliche Absicht, einen Zwischenaufenthalt in Ägypten zu nehmen. In Kairo hat dann ein Ägypter den großen Dichter und Gottesgelehrten erschlagen.

Hat eigentlich das Auswärtige Amt schon eine Reisewarnung für Ägypten ausgesprochen?

Klaus Bernath
Suchwanderungen

Preis: 9,99, 152 S., Opus Magnum
ISBN-13: 978-3-95612-012-1

Werke der Weltliteratur
Ausgewählt und kommentiert von Klaus Bernath

- Sin-leqe-unnini: Gilgamesch
- Homer: Die Irrfahrten des Odysseus
- Vergil: Die Suchwanderung des Aeneas
- Hartmann von Aue: Erec und Enide
- Wolfram von Eschenbach: Parzival
- Johann Amos Comenius:
- Das Labyrinth der Welt und das Paradies des Herzens
- Schota Rustaweli: Der Mann im Pantherfell
- Klaus Modick: Das Grau der Karolinen

Klaus Bernath
Philosophisches, Träumerisches, Visionäres

Preis: 9,99, 164 S., Opus Magnum
ISBN 13: 978-3-95612-020-6

- C. G. Jung: Die Septem Sermones ad Mortuos
- Das Unbewusste: C. G. Jung und Eduard von Hartmann
- Montaigne – Heidegger: Nachdenken über den Tod
- Auf schmalen Pfaden durchs Hinterland:
  Die Suchreise des japanischen Dichters Matsuo Basho
- Songlines: Wanderungen und Träume der australischen
  Ureinwohner
- Desana: Das mythische Weltbild eines südamerikanischenIn-
  dianerstammes vom oberen Vaupés
- Rider Haggard: The Way of the Spirit
- Hermann Hesse: „Das Wahre ist das Ganze"
  Das „Glasperlenspiel"